LIONEL MESSI

Devenir un géant

Ouvrage dirigé par **Florence Pierron-Boursot** et **Mathilde Guillier**
Illustration de couverture : **Alain Boyer**
Illustrations : © Shutterstock.com
Mise en page : **Christophe Petit**

Avec la collaboration de **Anne-Laure Schneider**

34-36, rue La Pérouse, 75116 – Paris

ISBN : 9782755662627
Imprimé en France par Corlet
Dépôt légal : novembre 2022
N° d'impression : 23050586

Fabrice COLIN

LIONEL MESSI

Devenir un géant

Hugo Jeunesse

1

ROSARIO, 525 RUE ESTADO DE ISRAEL

Long de plus de quatre mille kilomètres, le Paraná, qui prend sa source dans les hauts plateaux du Brésil puis sinue vers l'Argentine avant de se jeter dans l'océan Atlantique, est l'un des plus impressionnants fleuves du monde. De sa source, il descend en chutes et cascades, en rapides impétueux, puis s'apaise et devient un fleuve de plaine, alimentant marais et marécages. Au niveau de Rosario, sa largeur atteint plus de deux mille mètres.

Située à deux cent quatre-vingt-cinq kilomètres au nord-ouest de Buenos Aires, Rosario est la troisième agglomération d'Argentine. La ville haute, située sur la berge surélevée de la rive droite du fleuve, est rattachée aux parties inférieures, plus proches du cours d'eau, qui constituent la ville basse, où se trouve le port.

Le cœur de la ville, son centre historique, c'est la place du 25-Mai, « Plaza Veinticinco-de-Mayo » ; la « Columna a la Libertad » s'y dresse, surmontée d'une statue représentant la liberté. Non loin de là se trouvent les bâtiments emblématiques de la ville, le bâtiment de la municipalité, la cathédrale Nuestra-Señora-del-Rosario, le palais de la Poste, le musée des Arts décoratifs, etc. Parsemée de nombreux parcs ombragés, sillonnée d'avenues boisées et de larges boulevards, Rosario peut s'enorgueillir de belles façades Art nouveau, vestiges d'un passé florissant. Ses rues, comme celles de la plupart des grandes cités argentines, suivent globalement le tracé en damier du plan d'origine. Longtemps, Rosario fut surtout connue comme la ville natale de Che Guevara, le révolutionnaire sud-américain qui, en 1967, trouva la mort en Bolivie.

Vingt ans plus tard, cependant, un petit garçon allait naître, dont la gloire excèderait de loin celle du « Che » : Lionel Andrés Messi Cuccitini, dit Messi.

Celui qu'on allait appeler « la Pulga » - « la puce » - fit ses premiers pas au 525 de la rue Estado de Israel, une artère morne et sans charme, parallèle à l'avenue Uriburu qui mène au fleuve. La demeure des Messi était modeste - un étage, façade de béton gris, toit en tôle -, et le quartier plutôt populaire, principalement peuplé de travailleurs. Si elle n'avait rien de luxueux, la maison n'était pas non plus une misérable case en bois des bidonvilles. On y trouvait trois chambres : celle des parents, Jorge et Celia, celle des deux frères aînés de Leo (c'était ainsi que sa famille le surnommait), Rodrigo et Matías, et une dernière, que le garçonnet partagerait bientôt avec sa petite sœur, Maria Sol.

Les parents de Messi avaient toujours habité le quartier. Leurs familles étaient quasi voisines, elles vivaient à quelques blocs l'une de l'autre, et c'est ainsi qu'ils s'étaient rencontrés - lui avait 17 ans, elle 15.

— Raconte encore, maman !

Septembre 1990. Celia Messi, qui avait pris son fils sur ses genoux, passa une main dans ses cheveux. Comme beaucoup d'enfants, Leo aimait entendre et entendre encore l'histoire de ses origines. Sa mère, une jolie brune au sourire mélancolique, lui caressait doucement la nuque.

– On t'a déjà tout expliqué, je crois. Ton père et moi on se croisait souvent, on se saluait d'un hochement de tête, rien de plus.

– Il restait muet, papa ? C'est pas possible !

Celia secoua la tête.

– On était trop timides, lui et moi. Timide, tu sais ce que c'est, il me semble, non ? Quoi qu'il en soit, on a fini par briser la glace. L'un de nous deux a fait le premier pas, je ne sais plus qui c'est.

– C'est évidemment moi ! commenta Jorge, occupé en cuisine.

Celia haussa les épaules.

– Bon. C'est une histoire de grands, Leo. Ce qui serait bien, c'est que tu ailles te coucher, parce qu'il y a école demain. Je vais venir te lire un livre, d'accord ?

Le petit garçon – il avait un peu plus de 3 ans – plissa le front.

– Mais…

Les aiguilles de la pendule marquaient presque 21 heures. Rodrigo et Matías, eux, avaient regagné leur chambre depuis un moment, et faisaient leurs devoirs.

Leo avait eu de la chance d'avoir pu veiller aussi tard, mais il y avait des limites.

2

NAISSANCE D'UN CHAMPION

Trois ans plus tôt, à l'aube du 24 juin 1987, dans une salle de l'hôpital italien de Rosario, Lionel ouvrait les yeux et poussait ses premiers cris. Un petit gabarit : trois kilos et quarante-sept centimètres.

– Ce n'est pas un problème, commenta Jorge, 29 ans à l'époque, en le soulevant entre ses mains pour mieux l'admirer. Plus c'est petit, plus c'est malin.

– Il n'y a qu'à voir Omar Palma, glissa un docteur, qui passait par là.

Jorge le fusilla du regard. Deux semaines auparavant, les Jaune et Bleu du club de foot de Rosario Central, les « Canallas » - les « canailles », comme on les surnommait - avaient remporté leur quatrième titre de champion d'Argentine, grâce, notamment, à leur buteur de poche Omar Palma qui, du haut de son mètre soixante-cinq, avait inscrit pas moins de vingt buts au cours de la saison. Les supporters du CARC avaient fait la fête toute la nuit. Jorge était resté chez lui. Normal : lui était « de l'autre bord », lui était un fan des Newell's Old Boys, les Rouge et Noir, le club rival de Rosario, qui avait terminé... deuxième de la compétition, à un point de son éternel rival.

Dès qu'ils avaient été en âge de s'intéresser à ces choses, Jorge avait transmis la passion des Old Boys à ses deux aînés, et il comptait bien en faire autant avec Lionel. Chaque année, quand les deux rivaux se rencontraient pour le Clásico Rosarino, l'ambiance en ville devenait électrique. Impossible de rester neutre : il fallait choisir son camp, montrer les dents, écraser l'adversaire. Quand une équipe était championne, comme cette année, les supporters de l'autre rasaient les murs pour un moment – en deuil.

– Vous êtes un grand admirateur des Canallas ? demanda Jorge au médecin, qui tenait une radio à la main. Vous trouvez qu'ils jouent bien ?

L'homme, un petit moustachu au regard rusé, secoua la tête.

— Du calme, cher monsieur. Je disais ça pour discuter. Pour être honnête, je ne m'intéresse pas trop au football.

Jorge se rassit, son fils serré contre lui, une main sur sa nuque. « Je ne m'intéresse pas trop au football », voilà qui était original. Et presque pire, en vérité. Comment vivait cet homme ? Qu'est-ce qui le faisait vibrer, crier, taper du poing ?

Dans deux jours - le 27 juin - allait être lancée en Argentine la trente-troisième Copa América de l'histoire. Dix équipes, trois groupes de trois, plus l'Uruguay, tenant du titre, qualifié automatiquement pour les demi-finales. Cette année, l'Albiceleste - la sélection nationale - disposait d'un atout majeur : Diego Maradona, un mètre soixante-cinq lui aussi, tout simplement l'un des meilleurs joueurs de l'histoire. Maradona, la légende, qui, l'année précédente, avait permis aux Argentins de remporter la Coupe du monde contre l'Allemagne.

Dans le groupe des Blanc et Bleu, cette année, figuraient le Pérou et l'Équateur, deux formations a priori à leur portée. L'Albiceleste jouait à domicile, devant ses bouillants supporters. Tous les espoirs étaient permis !

– C'est un nouveau-né que tu tiens, fit Celia à son époux, qui tapotait distraitement le dos de son fils. Pas un tambour.

Le jeune homme sourit à son épouse.

– Tu te rends compte? Si on remportait la Copa América cette année? Quelques jours après la naissance de cet enfant? Est-ce que ce ne serait pas un signe?

– Non, répondit son épouse en fermant les yeux. Il n'y pas que le foot dans la vie, tu savais ça?

Jorge porta la main de sa femme à ses lèvres, puis la laissa retomber doucement.

– Désolé. Les copains et moi, on a besoin de retrouver la foi. Ça a été un peu compliqué, cette année, avec ces salauds de Canallas.

– Jorge !

– Pardon, pardon, fit son époux, en faisant mine de boucher les oreilles de son fils. N'écoute pas, Lionel.

Puis, à voix plus basse:

– Mais c'est vrai qu'on les déteste.

Le premier match de la Copa América avait lieu à Buenos Aires, au Stade Monumental. Argentine/

Pérou. Les coéquipiers de Maradona, on l'a vu, étaient favoris, mais leurs récentes performances en matchs amicaux laissaient les observateurs quelque peu perplexes : une défaite contre l'Italie, puis une autre contre le Paraguay, quelques jours avant le début de la compétition. Sans compter que les Péruviens avaient donné sacrément du fil à retordre aux Argentins lors des qualifications pour la Coupe du monde 1986 : 2-2 à domicile, 0-1 à l'extérieur... Impossible de les battre !

De fait, la rencontre s'avéra plus délicate que prévu. Après une première mi-temps fermée, Maradona pensait avoir fait le plus dur en délivrant tout un pays, à la quarante-septième minute, au retour des vestiaires. Mais les visiteurs, qui n'avaient jamais abdiqué, égalisèrent moins de dix minutes plus tard.

– Dites-moi que je rêve... soupira Jorge qui, dans un bar non loin de chez lui, regardait le match avec des amis.

– Ça va être une bataille, commenta un vieil habitué à son côté, en portant un verre de bière à ses lèvres. Une méchante bataille à l'ancienne.

Quelque temps plus tard, comme en écho à cette prophétie, les esprits s'échauffèrent sur le terrain, et l'arbitre sortit deux cartons rouges : un pour le Pérou, l'autre pour l'Argentine. Finalement, et malgré une domination des locaux, le score en resta là, et les supporters rentrèrent chez eux le cœur lourd.

Sergio, l'un des amis de Jorge, qui le raccompagnait chez lui, lui passa un bras autour du cou.

– Comment ça va, la petite famille ? Tu n'as pas honte de laisser ta femme seule avec trois garçons ?

Jorge lui offrit un sourire navré.

– Elle n'est pas seule. Elle est avec des amies.

– Des femmes de supporters, hein ! Et ton petit dernier ? Lionel, c'est ça ? Il va bien ?

– Aussi bien que possible, fit le père, s'arrêtant un instant pour renouer ses lacets. C'est le futur Maradona.

Sergio s'étira, regardant ailleurs.

– Ça ne fait aucun doute.

3

UN AN…
ET UN MAILLOT DE GAGNANT !

La Copa América, cette année-là, se déroulait dans trois villes : Buenos Aires, la capitale, Córdoba, la deuxième ville du pays, et Rosario, la troisième. Dans cette dernière, c'était le Paraguay, la Colombie et la Bolivie qui s'affrontaient. Pas de quoi passionner les foules, à première vue, mais Jorge et ses amis avaient tout de même pris des places pour les matchs de poule. Le lendemain de la rencontre Argentine/Pérou, ils partirent pour le stade Gigante de Arroyito, qu'ils connaissaient bien puisque c'était celui de Rosario Central, le rival honni. Les travées, ce jour-là, étaient loin d'être pleines, et le match auquel Jorge et ses amis assistèrent – Paraguay/Bolivie – se termina sur un triste 0-0. Au même moment, à Córdoba, le grand rival brésilien infligeait un cinglant 5-0 au Venezuela. Sans aucun doute, il allait falloir faire attention aux Auriverdes de Romário et à ceux du même acabit.

Mais, cette année-là, rien ne se passa comme prévu, et le Brésil, quelques jours plus tard, s'inclina lourdement devant le Chili – qui avait battu lui aussi le Venezuela – avec un score de 4-0 : merci, et au revoir !

Jorge, qui avait vu le match au comptoir du bar, haussa les épaules. Bon débarras ! La veille, à Buenos Aires, l'Argentine avait facilement disposé de l'Équateur par 3-0, un succès acquis en seconde mi-temps avec, notamment, un doublé de Maradona. À moins que le Pérou n'inflige une plus large défaite à leur adversaire du jour, le surlendemain, l'Albiceleste allait se qualifier pour les demi-finales. Quand l'Équateur, à un quart d'heure de la fin, ouvrit le score contre les Péruviens, le père de Lionel et ses collègues exultèrent. Ses deux aînés, déjà supporters, et qui avaient regardé le match à la maison, ne tenaient plus en place.

– On est en finale ! chantaient-ils dans le salon quand il rentra ce soir-là.

– Pas encore. Il faut battre l'Uruguay.

– Et ils sont forts ? demanda Rodrigo, qui avait fêté son septième anniversaire quelques mois auparavant.

Jorge se gratta la mâchoire. Forts ? Disons que, quatre ans plus tôt, ils avaient remporté le douzième trophée de leur histoire. Disons qu'avec le Brésil et l'Argentine, ils étaient l'une des trois meilleures équipes d'Amérique du Sud.

– Mais on a Maradona ! s'écria Matías, le frère cadet de Rodrigo, en pyjama, un ballon de foot sous le bras.

– Oui, oui, fit Jorge en les poussant vers leur chambre, allez. Maradona n'est pas Dieu, mais il fera son possible. Au lit, maintenant, vilains garnements. Faites de beaux rêves. Des rêves où on gagne !

Le rêve, cette année-là, tourna malheureusement court.

Le 9 juillet 1987, au lendemain de la première demi-finale qui avait vu le Chili sortir la Colombie après prolongations, l'Argentine se fit battre dans son mythique stade de Buenos Aires par un Uruguay plus entreprenant : 1-0, but de Alzamendi à la quarante-troisième minute. Jorge et ses amis, qui avaient suivi le match dans leur bar favori, plein comme un œuf, avaient la voix cassée à force d'avoir hurlé. Maradona, esseulé en attaque, n'avait rien pu faire pour sauver les siens, trop statiques, trop attentistes.

Bilardo, le coach argentin, était soudain devenu la cible de toutes les critiques. Il prônait un jeu trop sage, trop prudent. Il n'était pas assez sévère avec ses joueurs, pas assez exigeant. Il avait mal géré les blessures. Et cetera, car ainsi va le foot : un jour on vous adore, le lendemain tout est votre faute. « C'est comme ça, répondit Jorge à sa femme, qui lui en avait fait la remarque. Ça s'appelle la passion. »

Bref, cette Argentine-là était bien loin de celle qui, une année plus tôt, avait grimpé sur le toit du monde. Les anciens héros de l'Albiceleste, qui avaient perdu de leur superbe, étaient eux aussi ouvertement critiqués. Beaucoup, prétendaient les journalistes, étaient plus préoccupés par leurs transferts et leurs contrats futurs que par cette Copa América. « El Pibe de oro » - le « pied d'or », comme on appelait Maradona - sortait de son côté d'une saison éreintante avec Naples. On ne pouvait pas lui demander de faire tout le travail.

– De toute façon, cette Coupe, on ne la voulait pas, décréta un soir Jorge, qui tenait son fils dans les bras, endormi.

À la télévision ? Colombie/Argentine, le match pour la troisième place. L'Albiceleste était menée 2-0, il ne restait plus que quelques minutes à jouer, le rêve avait tourné au cauchemar.

– Tu es bien calme, remarqua Celia en s'installant au côté de son époux, qui gratouillait pensivement le dos du petit Lionel. Tu vas voir la finale, demain ?

Jorge soupira.

– Je m'en fiche, de la finale. On avait la possibilité de faire la fête, et on a tout gâché.

Il tendit son fils à sa femme, qui s'apprêtait à lui donner la tétée. Elle le considérait avec un soupçon de commisération.

– Oh, allons. Je suis sûre que nous aurons d'autres occasions de nous réjouir. Et puis, il y a des choses plus graves, non ?

Jorge prit la télécommande et éteignit la télévision. L'Argentine venait de réduire le score, mais il ne restait que quelques minutes à jouer, et puis, la troisième place, quelle importance ?

Le foot, chez les Messi, était une affaire des plus sérieuses ; mais Jorge savait aussi que sa femme avait raison. Il y avait, en effet, des choses plus graves. Si la présidence de Raúl Alfonsín marquait le retour de la démocratie en Argentine, le pays pansait encore ses plaies, et la famille Messi était loin – très loin – de rouler sur l'or.

Oh, cela n'empêchait pas une certaine joie de vivre de régner. Rodrigo et Matías, les deux grands frères du petit Lionel, étaient des garçons énergiques et débrouillards. Dès que l'autorisation leur en était donnée, ils sortaient dans la rue Estado de Israel pour taper dans le ballon avec leurs copains d'école ; eux se souciaient peu des turbulences du monde.

Quant à Lionel, répétait sa mère à qui voulait l'entendre, c'était un bébé remarquablement paisible. Et précoce ?

En tout cas, il n'attendit pas un an pour faire ses premiers pas, se retenant aux meubles du salon, levant les yeux vers ses frères comme pour quêter leur approbation.

– C'est bien, Leo ! Maman, papa ! Leo apprend à marcher !

Pour son premier anniversaire, le petit Lionel reçut, de la part de ses oncles, un minuscule maillot des Newell's Old Boys, noir et rouge.

Jorge considéra l'offrande avec un large sourire.

– Vous ne pensez pas qu'il est un peu jeune ?

– Pour porter un maillot de gagnant ? répondit laconiquement l'un des oncles. Non.

Peu de temps auparavant, les Old Boys venaient de décrocher un deuxième titre de champion d'Argentine avec la manière – six points d'avance sur le deuxième, dans un championnat où la victoire n'en rapportait que deux. Rosario Central, les « mauvais », les « nuls » avaient, eux, terminé à une peu reluisante septième place.

Jorge avait donc retrouvé le moral. D'autant plus que, cette année-là, les Old Boys allaient se hisser jusqu'en finale de la Copa Libertadores – la Coupe des meilleurs clubs d'Amérique du Sud – avant d'échouer contre un club uruguayen.

4

LE FOOT DANS LE SANG

Lionel, à un an, se moquait évidemment pas mal de la rivalité entre les deux équipes de Rosario. Ce qui l'intéressait, lui, c'était « la baballe », une petite balle de tennis que son frère Matías lui avait offerte. Dans un coin du salon, du bout du pied, le garçonnet la poussait avec délicatesse, comme on apprivoise un petit animal. Bien vite, cette affection pour la forme sphérique prit d'autres formes. On lui acheta un ballon ; à force de taper comme un sourd, il le creva assez rapidement. On lui en acheta un autre, qu'il perdit. « Ça va nous coûter cher, cette histoire... », commenta Jorge en conduisant son fils pour la troisième fois chez le marchand.

Quand il n'y avait plus de ballon, Lionel s'en fabriquait un : une boule informe – un sac plastique bourré de slips sales et de chaussettes.

Sa mère considérait cette passion avec fatalisme : comme beaucoup de jeunes garçons argentins, ses deux frères avant lui avaient professé le même amour pour la chose footballistique. Chez le petit Leo, cependant, cet amour prenait des proportions assez spectaculaires ; rien d'autre, en vérité, ne l'intéressait.

Sa grand-mère – la mère de sa mère, qui s'appelait Celia elle aussi, et chez qui il passait le plus de temps possible – le couvait d'une affection particulière, et ne manquait pas de marteler ce constat à ses parents : « Ce petit a le foot dans le sang ! » Elle-même, plus encore que son mari Antonio, était une fanatique du ballon rond.

Le week-end, les garçons Messi et leurs cousins – cinq petits-fils – allaient passer du bon temps chez leurs grands-parents. Leur grand-mère leur préparait d'énormes rations de pâtes, qu'ils dévoraient comme des goinfres avant de sortir dans la rue, ballon sous le bras. La plupart du temps, c'était « petits contre grands ». Lionel était allié à l'un des cousins Biancucchi, l'autre faisait équipe avec Matías ; Rodrigo, censé arbitrer, secouait la tête.

– N'importe quoi. On sait comment ça va se terminer.

– Comment ?

– Lionel va perdre. Il va pleurer. Et il faudra recommencer.

Et le petit garçon de 3 ans de secouer la tête.

– Je vais pas perdre ! Je vais pas pleurer.

Rodrigo avait pourtant raison. Chez les Messi et leurs cousins, on ne faisait pas semblant. Et pas question de laisser gagner « le minus » au simple prétexte qu'il tenait à peine sur ses jambes.

Les fautes étaient donc courantes, les bousculades régulières et, de temps à autre, si, si, quand les ballons commençaient à pleuvoir, le petit garçon s'asseyait devant les buts de fortune et, lèvre tremblante, se mettait à sangloter avec des hoquets de colère.

– Qu'est-ce qu'il se passe, encore ? demandait grand-mère Celia, alertée par les cris, et passant sa tête par la fenêtre.

– T'inquiète, commentait Rodrigo, impassible. C'est Leo qui perd.

Le petit Lionel reniflait, s'essuyait la bouche d'un revers de main. Vraiment, la situation n'était pas facile pour lui. Non seulement ses frères ne lui faisaient pas de cadeaux mais, en plus, ils jouaient déjà au football en club, eux, au Grandoli FC, une équipe dont le terrain était situé à quelques rues de chez eux. Miteux, le terrain ; la pelouse méritait à peine ce nom : c'était plutôt un terrain vague avec quelques touffes d'herbe. Seules des lignes blanches, à demi effacées, et des buts aux fils percés, rappelaient qu'on y jouait bien au foot. Pour Lionel, cependant, cet endroit ressemblait au paradis. Un ancien travailleur à la retraite, totalement dingue de foot, qui vivait dans une cabane non loin de là, tenait le club et y consacrait tout son temps.

Lors des séances d'entraînement, il était fréquent que le petit Lionel accompagne sa grand-mère et ses frères. Sa balle de tennis dans la main, il regardait avec une envie dévorante les jeunes joueurs enfiler leurs maillots rouges et mettre leurs chaussures à crampons. Puis, résigné, il partait à l'extrémité du terrain, près du baraquement des vestiaires, et s'amusait, faute de mieux, à faire rebondir sa balle contre le mur.

À 4 ans, déjà, il savait jongler, avec le pied, le genou, etc.

Il en avait un de plus – on était en 1992 – lorsque, à quelques minutes du coup d'envoi d'un match amical auquel devait participer Matías, qui avait alors 10 ans, le coach s'aperçut qu'il manquait un joueur. Se passant une main sur la figure, il se tourna vers son adjoint, les yeux fixés sur les tribunes.

– On n'a personne qui pourrait faire l'affaire, là ?

L'adjoint secoua la tête. Dans les gradins, quelques gamins étaient massés, qui avec un parent, qui avec des amis ; personne ne paraissait convenir.

Le coach se tourna alors vers le mur des vestiaires. Lionel jonglait toujours avec sa balle : pied droit, pied gauche, il alternait.

Oh oh, pensa l'entraîneur. Il connaissait ce petit. C'était le frère de Rodrigo et de Matías, venus tous les deux aujourd'hui, accompagnés de leur mère et de leur grand-mère.

Il s'avança devant les gradins et hocha le menton.

– C'est le petit Lionel, n'est-ce pas ?

La maman opina, inquiète.

– Il dérange ? Pardon.

– Ah non, pas du tout. (Le coach se tourna vers le terrain.) C'est juste que, comme vous le voyez, on essaye d'organiser un match, et qu'un joueur nous a fait faux bond.

– C'est triste.

– Oui. À ce propos, je me demandais...

Il ne quittait pas le petit jongleur des yeux.

– Hors de question, répondit Celia.

– Quoi ?

– Vous allez me demander si Lionel ne pourrait pas jouer. (Elle eut un geste vers les autres joueurs.) Je comprends. Vos adversaires s'impatientent, ça vous embête de jouer à dix, tout ça est parfaitement compréhensible. Mais Lionel ? Non, non. Regardez-le. Il est trop petit pour aller sur le terrain.

Le coach opina. Impossible de détacher ses yeux du petit.

– Vous trouvez ça normal, vous, un gamin de 6 ans qui fait des jongles avec une balle de tennis ?

– 5 ans, rectifia la grand-mère, qui n'avait rien perdu de la conversation. (Elle avait pris sa fille par le bras.) Ma chérie, je peux te parler trente secondes ?

Sans attendre sa réponse, elle l'entraîna un peu plus loin. Le coach se tourna vers son adjoint avec un geste d'impuissance. La suite n'était plus de son ressort.

Deux minutes plus tard, les deux femmes revinrent vers lui. La grand-mère souriait; sa fille avait l'air plus maussade.

– Entendu, lâcha cette dernière. Seulement...

Le coach leva les mains, ravi.

– Vous avez peur? Vous ne devriez pas.

La jeune femme se tourna vers son enfant, qui faisait rebondir la balle sur son genou, sur sa tête, parfois. Il n'avait pas l'air de réaliser qu'on était en train de parler de lui.

Mains en porte-voix, sa mère l'appela. Le garçonnet attrapa sa balle et releva la tête.

– Il n'a jamais disputé le moindre match, murmura Celia en faisant signe à son fils d'approcher.

– Oui, fit le coach, cela, je l'ai bien compris. Rassurez-vous. Ce que je vais faire, c'est que je vais le placer du côté droit. De *votre* côté. Comme ça, vous pourrez le surveiller. S'il se fait mal, s'il a envie d'arrêter... on arrêtera, pas de problème.

Lionel arrivait vers eux.

– Quoi? Je jouais.

Le coach posa une main sur son épaule.

– Dis-moi, mon grand, ça te dirait de disputer ce match avec ton frère ?

Le garçonnet ouvrit de grands yeux.

– Avec... un maillot ?

– Avec un maillot et des chaussures. Enfin, si on t'en trouve.

Lionel regarda sa mère, puis sa grand-mère. Cette dernière leva un pouce : super, mon grand, ne réfléchis pas !

– D'accord, fit benoîtement le garçonnet.

Dix minutes plus tard, la rencontre débutait. Lionel portait un maillot trop grand pour lui, qui lui descendait sur les hanches, mais il se sentait le roi du monde. Les autres joueurs, qui avaient quatre ou cinq ans de plus, le regardaient, sidérés. Qu'est-ce qu'il fabriquait sur la pelouse, ce minus ?

Les mains jointes devant son visage, Celia, la mère, marmonnait quelque chose. Une prière ? L'arbitre porta le sifflet à sa bouche.

Perdu sur le terrain, trois fois trop grand pour lui, le petit garçon shootait dans une motte de sable, et ne paraissait pas vraiment s'intéresser à ce qui se passait sur le terrain.

On jouait depuis une minute lorsque le ballon passa à proximité. Il le laissa filer, complètement indifférent. Le coach vint le trouver.

– Tu es gaucher, Lionel ?

Le gamin acquiesça.

– Oui. C'est compliqué avec le pied droit.

Le coach lui tapota l'épaule.

– Moi, je m'appelle Salvador. Je suis ton entraîneur, d'accord ?

Lionel eut une moue renfrognée.

– D'accord.

– Parfait. Quand le ballon arrive, il faut que tu essayes de le garder, Lionel. Pied gauche ou pied droit, ça n'a pas d'importance. Tu aimes bien le ballon, non ? (Le gamin opina.) Alors tu le gardes. Et si tu ne peux pas, tu le passes à un coéquipier. C'est à ça que ça sert, un coéquipier. Et si tu es devant un but - enfin, le but adverse - tu tires, direct. Tu as compris ?

Le petit Lionel haussa les épaules. Difficile de dire si les paroles de son coach tenaient, pour lui, de la révélation, ou s'il les trouvait complètement stupides. Quoi qu'il en soit, il reprit sa place sur le terrain et attendit.

Deux minutes plus tard, le ballon revint à sa portée. Cette fois, il le taquina de son pied gauche. Le contrôla. Tourna sur lui-même pour éviter un adversaire. Releva la tête. Et se mit à courir, la balle aimantée à son pied. Sans effort, il passa un défenseur. En effaça un deuxième. En mystifia un troisième ! Tous, ils fonçaient vers lui. Chaque fois, il les éliminait, impitoyablement, d'un dribble, d'un grigri, d'un passement de jambes.

Stupéfait, Salvador, le coach, s'approcha du terrain. Puis se retourna vers la mère et la grand-mère du petit phénomène, qui s'étaient levées, vibrantes. Quand le gamin allait-il s'arrêter ? Il virevoltait, intenable, se faufilait entre deux adversaires, poussant le ballon par petites touches, comme s'il le caressait, comme s'il l'avait... domestiqué ?

Les spectateurs, sidérés, ouvraient de grands yeux et se mirent à l'encourager : « Tire ! Vas-y, petit, tire ! »

Matías lui-même s'était figé. Lionel approchait de la surface. Il jeta un coup d'œil à sa droite, comme pour regarder à qui il pouvait faire une passe... et partit de l'autre côté. Déséquilibré, le défenseur qui s'était porté à sa rencontre faillit tomber sur ses fesses. À quinze mètres des buts, Lionel le lutin décocha une frappe, qui vint se loger en pleine lucarne, totalement hors de portée du gardien.

Une forte clameur s'éleva des tribunes. Tous les joueurs du Grandoli FC se ruèrent sur le petit prodige qui, immobile, se laissait étreindre et flatter, ne comprenant pas très bien la raison de cette agitation.

La grand-mère de Lionel se tourna vers sa fille, aux anges.

– Tu vois ! Tu vois !

– Je vois quoi? répondit la mère, qui ne pouvait s'empêcher de sourire. Il a eu de la chance, c'est tout.

– De la chance? répéta la grand-mère, étourdie, les yeux rivés sur son petit-fils, qui reprenait sa place sur le terrain. N'importe quoi. C'est un génie ! Ça fait des semaines que je le répète à ton mari, à tout le monde. Je le regarde jouer, tu sais, avec ses deux frères. Ils ne le ménagent pas, ça non ! Mais depuis quelques semaines, il s'en sort toujours. Plus moyen de lui prendre le ballon. Ça les rend dingues, tes grands ! Demande-leur !

Quelques semaines plus tard, Lionel Messi recevait le maillot orange du Grandoli FC, ainsi qu'une paire de chaussures à crampons. Inscription officielle au club : Jorge n'avait pas été difficile à convaincre. La grand-mère était ravie, la mère était fière, mais demeurait méfiante. Matías et Rodrigo, eux, ne savaient pas trop quoi penser. Est-ce que leur petit frère allait leur voler la vedette ?

5

UNE AFFAIRE DE FAMILLE

La réponse était « oui ». Deux fois par semaine, accompagné le plus souvent par sa grand-mère, le garçonnet prenait le chemin de l'entraînement. Le dimanche, c'était match. Et le bruit avait commencé à courir : celui d'un magicien de poche sorti de nulle part, capable de prouesses étourdissantes. Sur le bord du terrain, des parents, des amis, se mettaient à donner de la voix. Lionel dribblait comme s'il n'avait fait que ça toute sa vie.

– Mais c'est le cas ! s'écriait la grand-mère. Il s'est mis à taper dans un ballon à un an. Je ne vous mens pas ! J'ai des photos !

Le gamin, lui, était simplement ravi. Ce qui lui plaisait, c'était de jouer, dans une vraie équipe, avec un vrai équipement : short blanc, maillot orange, le tout deux fois trop grand pour lui, et alors ? Dans le miroir, il se trouvait parfait.

Évidemment, il ne maîtrisait pas encore toutes les subtilités du football. Il avait du mal à faire des passes. Mais à quoi cela lui aurait-il servi ? Il dribblait tout le monde. Impossible de lui prendre le ballon. La plupart du temps, ses partenaires se contentaient de lui confier la balle. Tiens, la voilà, maintenant débrouille-toi, fais parler tes sortilèges.

Inutile de le lui dire deux fois. Pour Lionel, le terrain de foot était une piste de slalom. Il sinuait entre ses adversaires, se glissait comme une anguille, rapide, imprévisible, insaisissable.

Au début, pour l'aguerrir, Salvador l'avait fait jouer avec les plus grands. L'année suivante, il l'intégra à la promotion 1987 : les enfants de son âge. Et la courbe de progression du lutin génial ne faiblissait pas. À chaque match ou presque, il faisait la différence, et le Grandoli FC s'envolait vers les hauteurs du classement de son petit championnat local.

Bientôt, des observateurs de formations plus huppées, qui avaient eu vent de la rumeur, furent aperçus aux abords du terrain. Des recruteurs, chargés de dénicher la nouvelle perle rare. Trop heureux de compter dans ses rangs une pépite du calibre de Lionel, Salvador sentait qu'il ne pourrait pas le garder éternellement. C'est pourquoi il eut l'idée, l'année suivante, de demander à Jorge s'il ne souhaitait pas entraîner la promotion 1987 lui-même. Le père des garçons ouvrit de grands yeux.

– Moi ?

– Ce serait plus pratique. Et ça rassurerait votre fils.

– Il a besoin d'être rassuré, donc.

Tous deux se retournèrent vers le terrain. Lancé dans l'un de ses grands numéros de funambule, Lionel venait d'éliminer quatre adversaires et, comme à son habitude, filait droit vers le but. Le gardien qui sortait à sa rencontre fut lui-même mis hors course d'une simple feinte de corps. L'attaquant n'avait plus qu'à shooter dans les cages vides.

– À vrai dire, fit Salvador, ça me rassurerait *moi*. Il faut qu'il se construise, ce petit. Un environnement stable l'aiderait beaucoup.

Jorge acquiesça. Allez, pourquoi pas ? Au moins, il aurait le gamin à l'œil. Il pourrait faire son rapport à sa mère – elle qui avait toujours peur qu'il se blesse.

Lionel ne se blessait presque jamais. Quand il tombait, il le faisait avec grâce, roulait sur le côté, se relevait aussitôt, et repartait à l'assaut. Il était le plus petit de son équipe – ses coéquipiers le surnommaient « el enano » (le nain) – mais cela ne le gênait pas, bien au contraire. Le prendre en défaut était quasi impossible. Ramassé sur lui-même, tournoyant, il donnait le tournis aux défenses adverses.

Le compteur de buts s'affolait ; les spectateurs, de plus en plus nombreux, applaudissaient à tout rompre, quand ils ne secouaient pas la tête, incrédules. Quel âge avait-il, ce diablotin ? Six ans ? Sept ?

Rodrigo, le grand frère, qui était parti jouer chez les Old Boys de Newell, revint un jour avec son propre entraîneur, à qui il avait chanté les louanges du phénomène. Resté à l'écart, les mains dans les poches de son pardessus, l'homme assista à une mi-temps entière, au cours de laquelle Lionel marqua trois buts.

Quand l'arbitre siffla la fin des festivités, il marcha droit vers Jorge.

– C'est vous, le coach ?

– Je suis le père aussi.

– Il faut qu'on parle.

L'entraîneur des Old Boys voulait que Lionel vienne faire un test chez lui. Jorge se retint de sourire. Les Old Boys ! La consécration !

Le coach l'entraîna à l'écart. Les Old Boys, eh oui ! L'un des deux clubs mythiques de la ville. Savait-il seulement combien de grands joueurs étaient passés par ce centre de formation ? Jorge répondit que oui, il savait, merci. Le coach s'enflammait. Récemment, le grand, l'indépassable Maradona, revenu au pays, avait enfilé la prestigieuse tunique rouge et noir. Oh, certes, ce n'était plus l'attaquant fougueux des débuts, il commençait à porter son âge, mais tout de même : depuis quelques mois, tous les projecteurs étaient braqués sur Rosario. D'autant que, récemment, les Rouge et Noir avaient ajouté deux titres de champion à leur palmarès.

Jorge hocha la tête. Il essayait de ne pas paraître impressionné.

– Écoutez, pas la peine de me faire de la réclame. Les Old Boys sont mon club de cœur, et mon Rodrigo joue déjà chez vous. Je vais en parler à ma femme et je vous tiens au courant.

Le coach lâcha un soupir avant d'acquiescer d'un air résigné.

Le petit Lionel passa les tests du club. Haut la main, évidemment. Jorge parla donc à sa femme, et à sa belle-mère. Il parla surtout à Salvador, le « boss » de Grandoli. Celui-ci ne put lui offrir qu'un sourire navré.

– Bien sûr que Leo doit y aller. C'est une belle occasion. Sa marge de progression, qui la connaît ? J'adorerais le retenir ici pour les dix années à venir, mais je ne suis pas naïf.

Celia, la mère de Lionel, ne fut pas plus difficile à convaincre. Les Old Boys, ça lui allait, Rodrigo était très content d'y jouer. Et, de toute évidence, leur petit dernier ne vivait que pour le foot. Il serait ravi de porter le fameux maillot bicolore - celui que ses oncles lui avaient offert pour son premier anniversaire ne lui allait plus vraiment...

L'affaire fut rapidement conclue.

– C'est magnifique. Tu vas jouer en équipe d'Argentine, alors ?

Celia, la grand-mère de Lionel, caressait la joue de son petit-fils en souriant avec tendresse. Elle avait été la première à croire en lui, et elle était ravie de voir que son intuition avait été bonne, mais, ces derniers temps, la vie était devenue un peu plus difficile pour elle ;

elle commençait à perdre la mémoire, à « se mélanger les pinceaux », comme disait gentiment Jorge.

– Plus tard, grand-mère, répondit aimablement Lionel. Là, je suis trop petit.

La vieille dame opina.

6

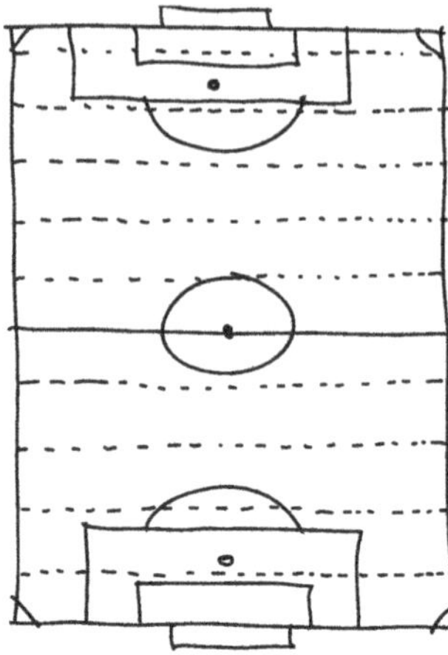

UN JEUNE PRODIGE CHEZ LES OLD BOYS

À présent, donc, le dernier des trois garçons Messi partait s'entraîner du côté du Parc de l'Indépendance, où se trouvaient les installations des Old Boys – quatre pelouses en plein air. Rien à voir, évidemment, avec le champ tout pelé du Grandoli FC. Au bord du terrain principal, une longue fresque rappelait aux jeunes joueurs combien de grands noms les avaient précédés : des vedettes qui avaient commencé très jeunes, elles aussi, et qui avaient fini en équipe nationale.

Lionel, comme les autres, rêvassait en les observant. On était au printemps 1994, une nouvelle Coupe du monde allait commencer, il y pensait beaucoup mais, en attendant, il devait se faire une place au sein de cette nouvelle équipe, avec tous ces joueurs tellement plus grands que lui...

Leo avait 6 ans, et il était affligé d'une timidité presque maladive. Tout le monde appréciait son calme et sa gentillesse, mais il n'était pas facile de devenir son ami. Sur la pelouse, cependant, c'était autre chose. Sur la pelouse, il se métamorphosait, il devenait le roi. Carlos Morales, son entraîneur, suivait ses progrès avec attention.

Leo et ses coéquipiers s'entraînaient tantôt sur un grand terrain, tantôt sur une surface plus réduite, pour parfaire leurs automatismes et leur technique. Sur les petits terrains, le jeune prodige gardait le ballon pour lui, ses dribbles faisaient des dégâts, il écœurait les défenses. Sur les surfaces plus grandes, il se révélait plus impressionnant encore, car il pouvait courir, s'exprimer plus librement. Le coach lui apprenait à passer le ballon. Ce n'était pas quelque chose qui lui venait naturellement.

– Vu que je suis le meilleur, à quoi ça sert ?

Carlos Morales souriait, posait les mains sur ses épaules.

– Le football est un sport collectif, tu comprends ? Le terrain est grand. Tu ne peux pas dribbler à chaque fois dix joueurs de suite. L'idée, c'est de construire quelque chose. Faire des appels, créer des déséquilibres. Défendre, aussi.

– Défendre ? Je suis attaquant !

– Ça, on l'a vu. Mais, parfois, quand ton équipe est en difficulté, tu dois participer à l'effort collectif. Donner un coup de main à tes coéquipiers de l'arrière.

Leo secouait la tête.

– J'ai une meilleure idée. Si mon équipe est en difficulté, je marque un but. Comme ça on gagne.

Le coach levait les yeux au ciel. Si un autre joueur lui avait parlé ainsi, il l'aurait remis à sa place. Mais Leo ? Leo pouvait *réellement* faire basculer un match. D'un coup de rein, d'un coup de patte, et quel que soit le niveau de l'équipe adverse.

Son équipe, baptisée « la machine », remporta quatre fois le championnat local en six saisons.

Les statistiques du petit champion défiaient l'entendement.

Lors de sa première année à Newell's, Leo inscrivit quarante buts en vingt-neuf matchs. En 1995 ? Trente-cinq buts en trente matchs. Une petite baisse de régime? L'année suivante, il en marqua trente-six, en vingt-sept rencontres. À 9 ans, en 1997: quarante buts en trente-six matchs. En 1998: vingt-cinq matchs, et vingt-sept buts. Avant le feu d'artifice final, en 1999, à 11 ans: cette année-là, il trouva cinquante-cinq fois le chemin des filets, en vingt-neuf rencontres seulement. Cette année-là, les Old Boys terminèrent leur saison invaincus.

Leo, évidemment, n'avait pas tardé à gagner le respect de ses coéquipiers, et à prendre confiance en lui. C'est toujours plus facile lorsque l'on gagne. « La machine » était bien huilée, tout le monde se connaissait. Bientôt, des rituels se mirent en place. Les dirigeants des Old Boys – et les parents des jeunes joueurs – encourageaient cette complicité; elle contribuait à l'harmonie de l'équipe, et à ses bons résultats.

Après les matchs, en général, Leo et ses copains allaient manger chez lui, où sa mère, fidèle à la tradition initiée par grand-mère Celia, leur préparait de belles plâtrées de pâtes; puis ils allaient dehors pour jouer encore. Le père d'un ami, Lucas, possédait de petits terrains de foot à cinq où ils s'affrontaient jusqu'à la tombée de la nuit. Ensuite, ils allaient chez lui, causaient de l'équipe première, de l'Albiceleste, jouaient aux cartes ou aux dés, taquinaient la PlayStation®, aussi, pour s'essayer à FIFA.

– Je prends Barcelone ! s'écriait chaque fois Leo, qui avait développé une passion irraisonnée pour l'équipe catalane.

Les autres ne discutaient pas. La mère de Lucas leur apportait des jus de fruits.

– Alors, le match du jour ?

– Gagné, lâcha Leo, concentré sur ce qui se passait à l'écran.

– Ça, j'aurais pu le parier. Combien ?

– 5-1, répondit son fils, qui jouait, lui, le Real Madrid.

– Oh oh ! Vous avez encaissé un but ? Qu'est-ce qui s'est passé ?

– C'est Angel. Il a fait une boulette.

Piqué au vif, le gardien de but secoua la tête.

– N'importe quoi.

– Mais Leo a inscrit un quadruplé ! souligna quelqu'un d'autre.

L'intéressé eut en geste de dépit. Pour lui, en vérité, ce n'était pas si extraordinaire.

7

UN MAÎTRE, BALLE AU PIED

Côté foot, donc, tout se passait à merveille. Côté école, c'était plus compliqué. Leo redevenait le petit garçon pétri de timidité qu'il avait été à son arrivée sur les terrains. À l'école de Las Heras, où il se rendait chaque jour, il n'avait presque pas d'amis. Seule Cintia, une petite fille de sa classe, était parvenue à percer l'armure. Elle le prenait sous son aile, le protégeait, l'aidait pour les devoirs. En classe, il s'asseyait systématiquement à côté d'elle et, quand elle n'était pas là, la cherchait du regard, paniqué. Quand sonnait la récréation, c'était autre chose. Des parties de foot s'organisaient et, naturellement, tout le monde tenait à l'avoir dans son équipe. Ainsi Leo traversait-il son enfance : en silence, mais sans trembler. Personne ne lui cherchait querelle, personne ne se moquait de lui. Ballon au pied, il était le maître, imposait le respect.

Avec les Newell's, il progressait à une vitesse impressionnante. Le football était sa vie. Les consignes du coach ? Il les apprenait par cœur, les récitait à ses camarades, faisait le lien entre eux et le staff. Un leader naturel, que personne ne songeait à contester.

Lorsqu'un beau jour on lui fit comprendre que des enjeux particuliers pesaient sur la rencontre à jouer, il inscrivit huit buts et, dès la fin du match, alla trouver son coach.

– Ils sont où, les *alfajores* ?

L'entraîneur secoua la tête.

– Quoi ?

– Les gâteaux à la marmelade.

– Je sais ce qu'est un *alfajor*, Lionel. Mais pourquoi en voudrais-tu maintenant ?

Le jeune garçon soupira.

– Le directeur m'a dit que j'aurai un gâteau pour chaque but marqué. Ça fait huit gâteaux. Ils sont où ?

Le coach le considéra, ébahi.

Leo, c'était une évidence pour tous ceux qui le connaissaient, ne vivait que pour le football. Il était toujours le premier aux entraînements, il aurait préféré mourir que de manquer un match, et il était bien conscient de ce qu'il faisait lorsque, à la mi-temps des rencontres, il jonglait tout seul, sur le bord du terrain, pendant des minutes entières, sous les regards stupéfaits des supporters.

Les dirigeants des Old Boys, qui profitaient pleinement de son talent, ne boudaient pas leur plaisir, mais évoquaient aussi souvent « l'avenir » avec son père.

Leo essayait de ne pas trop réfléchir, et de profiter de l'instant. Ce qui lui importait avant tout, c'était de prendre du plaisir sur le terrain. Le 5 mai 1998, sa grand-mère adorée était morte des suites de la maladie d'Alzheimer, et il était très triste à l'idée qu'elle ne le verrait jamais devenir un grand champion. Si toutefois c'était bien son destin. Car, en dépit des qualités exceptionnelles dont il faisait preuve sur le terrain, le jeune garçon savait que le chemin était encore long.

Carlos Morales le répétait à son père : Lionel était doté d'un talent hors du commun, et il était heureux de l'avoir au sein de son équipe. De là à rêver pour lui d'un avenir « professionnel », il y avait un pas à franchir. Un pas trop grand ?

– Il y a un souci avec Leo, déclara un jour le coach aux deux parents, venus, à sa demande, pour évoquer le futur du jeune crack.

– Un souci ? (Jorge gonfla la poitrine.) Il est trop petit, c'est ça ?

Assis derrière son bureau, le coach faisait tourner un stylo entre ses doigts.

– Chez les enfants, ça peut passer. À l'adolescence, ça devient plus compliqué. Regardez son équipe. La plupart des joueurs font une tête de plus que lui. Au moins !

– Mais c'est le meilleur ! s'écria sa mère.

Carlos approuva.

– Techniquement, balle au pied, aucun doute, et ce n'est pas à moi que vous allez apprendre que sa technique est exceptionnelle. Mais le haut niveau requiert d'autres qualités. La force physique. La capacité à s'imposer. Et j'ai bien peur que, dans son cas...

8

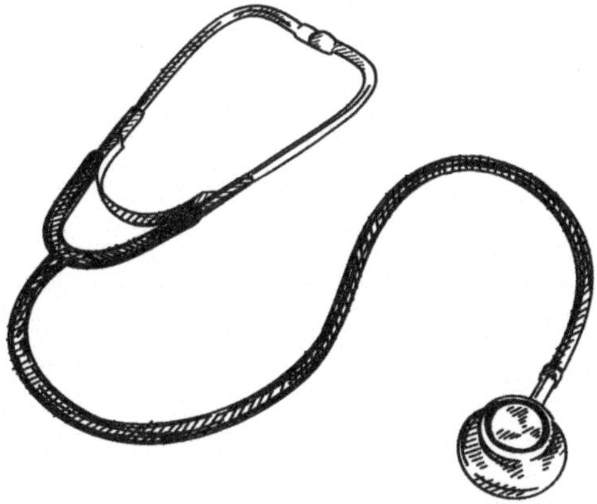

DE GRANDS ESPOIRS

Il s'avéra que Lionel souffrait d'un déficit de croissance. Les dirigeants du club, qui sentaient bien les préoccupations de la famille, lui avaient conseillé de consulter. Ils avaient même donné aux parents les coordonnées d'un spécialiste : le docteur Diego Schwarzstein, un endocrinologue de bonne réputation, qui connaissait bien le club. Un matin de janvier 1997, il reçut le garçon et son père dans son cabinet du centre-ville. Sans attendre, il prit ses mesures.

— Bon. 9 ans, un mètre vingt-cinq, il est clair qu'il y a un souci. Tu es en-dessous des courbes, mon garçon, bien en-dessous. Il faut faire des examens pour comprendre pourquoi. Des examens poussés.

Plusieurs fois, Leo se rendit à l'hôpital avec son père. On le plaçait sous une toise, on lui faisait des prises de sang, on étudiait ses courbes... Finalement, le diagnostic tomba. Le garçon souffrait d'un déficit partiel d'hormones de croissance. C'était une pathologie rare. Le point positif, c'est qu'un traitement existait. Qui supposait des injections régulières.

– Je suppose que tu adores les piqûres ? demanda le médecin en rajustant ses lunettes.

Leo déglutit.

– Euh...

– Tu vas apprendre à les aimer, crois-moi : tu n'as pas le choix. Et tu sais quoi ? Tu apprendras à te les faire tout seul. Ce sera encore le plus simple.

Le jeune garçon se racla la gorge.

– Est-ce que je vais pouvoir continuer à jouer au foot ?

Le médecin approuva.

– Bien sûr, aucune contre-indication. Il y a juste des moments où tu te sentiras un peu plus fatigué que tes copains, mais je suis sûr que tu feras face. Il paraît que tu es un crack ? (Déjà, il raccompagnait le père et le fils à la porte.) Allez, je ne te promets pas que tu mesureras un mètre quatre-vingt-dix-huit dans cinq ans, mais enfin, tu devrais pouvoir atteindre une taille considérée comme normale.

Jorge s'arrêta sur le seuil.

– Vous avez dit que c'était un traitement qui pouvait durer longtemps ?

– Entre trois et cinq ans.

– Mais... Ça risque de coûter cher, non ?

– Sans doute. Voyez avec ma secrétaire.

Ils repartirent, déconcertés. Pour Leo, ce verdict était plutôt une bonne nouvelle. Il n'était pas « condamné » à rester éternellement petit. Quant aux piqûres... Eh bien, il en ferait son affaire, non ?

Son père lui sourit. Lui ne voyait pas tout à fait les choses sous le même angle. De toute évidence, le traitement hormonal allait coûter cher, très cher. Près de mille dollars par mois, avait dit la secrétaire. Qui allait payer une telle somme ? Son salaire de travailleur, c'était certain, n'y suffirait pas. La sécurité sociale ? Sa mutuelle ? Il ne savait pas encore quelle part serait prise en charge. Peut-être allait-il devoir demander l'aide du club ? Mais les affaires des Old Boys n'étaient pas florissantes.

Les mois suivants furent agités. Le pays traversait une crise économique de grande ampleur. Le chômage grimpait, les prix s'envolaient, la famille Messi, comme beaucoup d'autres, commençait à se poser des questions.

– Si on partait à l'étranger? proposa un soir Jorge, qui se savait des origines italiennes, et aussi catalanes.

– En laissant tout?

Quelque temps auparavant, Rodrigo qui, lui aussi, traversait une crise, avait été «remercié» par les Old Boys. Plus grand-chose ne retenait la famille en Argentine.

– On avait évoqué l'Australie, hasarda Jorge. Ce serait magnifique, non? Tout reprendre à zéro.

– Tu crois qu'on arriverait à se débrouiller là-bas?

Jorge, qui s'était posté à la fenêtre, se passa une main sur la nuque. Ils avaient quatre enfants – une petite fille s'était ajoutée au trio de garçons –, quitter le pays était une idée grisante, mais très risquée aussi.

– Je pensais à autre chose.

Sur le canapé, Celia tapota la place à son côté.

– C'est à propos de Leo, hein?

Il la dévisagea, surpris. Cette femme lisait en lui comme dans un livre ouvert.

– Je pensais à River Plate.

Celia renifla. River Plate, le club emblématique de Buenos Aires. Un palmarès hallucinant (en 1996, pour la deuxième fois de son histoire, le club avait remporté la prestigieuse Copa Libertadores). Le fabuleux Stade Monumental et ses soixante-dix mille places.

– Tu es sérieux ?

– Je connais quelqu'un. Il travaille comme détecteur de talents pour eux. Il devrait passer dans la région d'ici une semaine ou deux. Il va regarder jouer Leo.

– Je constate que tu as déjà pensé à tout.

Jorge fit la moue.

– Pas si simple. Il a de grosses journées, ce monsieur. Pas beaucoup de temps. Espérons que notre fiston sera dans un bon jour.

– Il est *toujours* dans un bon jour, non ?

Son époux ne répondit pas. Il n'osait pas le lui dire, mais il avait basé de grands, de *très grands* espoirs sur les talents de son fils. Et, à présent que le temps du verdict était proche, il ne se sentait pas très rassuré.

9

NEWELL'S OLD BOYS VERSUS RIVER PLATE

Quelques jours plus tard, Federico Vairo, de River Plate, posa ses valises à Rosario. Très vite, il fit savoir à Jorge qu'il manquait de temps.

– Je ne vois que les joueurs âgés, aujourd'hui.

– Âgés comment ?

– Eh bien, 16 ans et plus.

– Pas de problème.

Il raccrocha et toqua à la chambre de Leo.

– En route.

– Quoi ? C'est pas l'heure !

– En fait, si. Prends ton équipement, je t'expliquerai.

Il n'était pas rare, ces derniers temps, que le jeune attaquant s'entraîne avec des joueurs plus vieux que lui. En général, ces séances recevaient l'aval de la direction. Pour aujourd'hui, Jorge décida qu'il se passerait de son autorisation.

Une heure plus tard, Leo Messi entrait sur le terrain, aux côtés de joueurs âgés de trois ou quatre ans de plus que lui.

Federico, qui pensait que le père de Leo exagérait beaucoup, assista au début du match en envoyant des SMS sur son téléphone portable. Soudain, il releva la tête. Des exclamations fusaient, dans les tribunes. Qui était ce petit attaquant, qui passait toute la défense en revue ? Et oh ! bon sang, ce tir en pleine lucarne ! Incroyable !

L'homme se retourna. Au premier rang des gradins, Jorge Messi venait de lever un pouce. Alors, conquis ?

Moins d'un mois plus tard, Jorge et son fils débarquaient à Buenos Aires. Ils ne venaient pas seuls. Un certain Giménez – un autre joueur des Old Boys – était là lui aussi, qui avait pareillement impressionné le recruteur.

Dès les premiers essais, les dirigeants de River Plate ouvrirent de grands yeux. Un extraterrestre, ce gamin !

Ils le firent jouer contre des défenseurs presque adultes. Lui firent tirer des coups francs, des penaltys. Le mesurèrent aux meilleurs joueurs de leur sélection. Parfaitement à son aise, Leo Messi jouait comme il le faisait toujours : avec un naturel et une décontraction affolants. Tout ce qu'il accomplissait semblait simple. À un moment, l'un des joueurs chargés de le contrer, et à qui il venait d'infliger un grand pont humiliant, se tourna vers son coach en montrant ses paumes vides, d'un air de dire : « Il se passe quoi, là ? »

Dès le lendemain, Jorge était convoqué dans le bureau de l'un des responsables du club. River Plate voulait Leo Messi : c'était une affaire entendue. Restait à se mettre d'accord sur un contrat.

– Il n'est pas trop petit pour vous ? demanda Jorge, conscient que son fils avait marqué des points.

Le directeur du recrutement se vrilla la tempe de l'index.

– Il est parfait. Il va grandir, non ?

Jorge sourit. Il avait décidé de se montrer dur en affaires. River Plate voulait Leo, d'accord, mais à quel point ?

– Il me faut un travail. Vous pouvez me trouver ça ? On a besoin d'une maison, aussi. J'ai trois autres enfants, vous comprenez ?

Le directeur fronça les sourcils.

– Hum.

Le petit Messi, se rappela-t-il soudain, n'avait pas 14 ans. C'était peut-être un peu tôt pour accueillir toute la famille, non ?

Bientôt, un autre problème apparut. Un problème que lui signala l'un de ses adjoints, chargé de joindre la direction des Old Boys : les Rouge et Noir refusaient de lâcher leur pépite.

– Quoi ? s'étrangla le père en apprenant la nouvelle, le lendemain.

Le directeur croisa les bras.

– Oui, c'est embêtant. Parce que vous connaissez la loi de ce pays. Si le contrat est rompu, pas de nouvelle licence pendant deux ans. Il faut arriver à les faire plier, sans quoi...

Le père hocha la tête. S'agissait-il d'une manœuvre ? S'était-il montré trop gourmand ? Le moment était venu de rentrer au pays. « Tenons-nous au courant », s'écrièrent les dirigeants de River Plate, le voyant boucler ses valises.

Leo, lui, ne comprenait pas trop ce qui se tramait.

– Ils ne veulent pas de moi ? demanda-t-il dans le taxi qui les ramenait à la gare.

– Bien sûr que si, répondit son père en lui ébouriffant les cheveux. La question, c'est : « Est-ce que nous, on veut d'eux ? »

Leo se gratta le front. Ces tractations le dépassaient mais il était certain d'une chose : son père agissait au mieux de ses intérêts.

Quelques jours plus tard, les dirigeants des Old Boys eurent une grande discussion avec Jorge et lui expliquèrent que oui, en effet, ils seraient très fâchés de voir leur pépite partir.

– Si ça doit arriver, ça arrivera, concéda le directeur. Mais nous aimerions être les premiers prévenus, vous comprenez ?

– Pour partir, répondit le père de Leo, il faut avoir un endroit où aller.

10

DIRECTION BARCELONE !

Pendant un moment, il sembla que les choses devaient en rester là. Leo était content de jouer pour les Old Boys. Ce qui l'intéressait, c'était de disputer des matchs, et de marquer des buts – le plus de buts possible.

Mais son père, pendant ce temps, s'activait dans l'ombre. La situation, en Argentine, devenait de plus en plus compliquée, et ses envies d'ailleurs ne l'avaient pas abandonné.

Dans les coulisses, il cherchait un bon agent pour son fils, quelqu'un capable de lui dénicher un grand club.

Était-ce prématuré ? Personne ne doutait des qualités de Leo, mais il était bien jeune encore. Un soir, Jorge rassura sa femme.

– Nous ne ferons rien sans son accord. Et, partout où il ira, nous irons aussi.

– Nous sommes une famille, lui rappela Celia. Nous avons trois autres enfants.

– Je sais, répondit son mari, lui tapotant la main. Fais-moi confiance.

En attendant, Leo continuait à se faire ses injections et à grandir, à peu près normalement. Son père, qui assistait à la plupart de ses matchs, lui trouva un premier agent, qui travaillait avec les Old Boys. Puis il en changea, sous l'impulsion du parrain de Leo, Claudio, qui connaissait une structure plus performante : la société Marka. Mais Jorge, une fois encore, avait des conditions. Il voulait que son fils fasse des essais avec un grand club étranger. Les agents de Marka, qui avaient vu le remuant feu follet à l'œuvre, acceptèrent sans sourciller. Bientôt, ils appelèrent l'un de leurs contacts, un avocat qui travaillait avec le FC Barcelone. Ils avaient, lui dirent-ils, un jeune joueur incroyable à leur montrer. L'avocat en question, Juan Mateo, se montra d'abord dubitatif.

– Trop jeune.

Les agents insistèrent, lui envoyèrent des vidéos. Juan finit par rappeler. Il avait un service à leur demander, des tuyaux à donner à un ami entraîneur. Les agents acceptèrent. Et en profitèrent pour reparler du petit Messi.

– Il va falloir me faire rêver, répondit l'avocat. Parce que des soi-disant petits génies, j'en ai vu un paquet. Et, aujourd'hui, je ne me rappelle même pas leur nom.

Les agents raccrochèrent. L'un d'eux - un dénommé Soldini - s'invita sans tarder chez les Messi pour leur expliquer ce qu'il avait en tête. Il arrivait avec un kilo d'oranges et un sac de balles de tennis. Leo haussa un sourcil.

– Quand tu avais 4 ans, il paraît que tu jonglais pendant des heures avec ce genre de trucs. Alors tu sais quoi ? Tu vas t'y remettre. Je reviens dans une semaine. Avec une caméra. Donne le meilleur de toi-même.

Lionel approuva, et partit se mettre au travail dans sa chambre. Sept jours plus tard, Soldini était de retour, prêt à filmer. Leo prit une orange et la posa sur son pied : « C'est parti ! Un, deux, trois... »

Il s'arrêta à cent treize.

Soldini, estomaqué, ne pouvait s'empêcher de sourire en filmant. Vraiment, ce gamin était extraordinaire.

– Et maintenant ? Avec une balle ?

Sitôt montée, la vidéo fut envoyée à Juan Mateo. Quelques jours plus tard, celui-ci le rappelait.

– Vous êtes attendus le 18 septembre. C'est un lundi. Dans deux semaines. Ça ira ?

– Attendus où ? fit bêtement Soldini.

– À Barcelone, pardi.

Quelques mois plus tôt, Leo avait fêté ses 13 ans. Ce soir-là, quand l'agent débarqua pour leur annoncer la nouvelle, il resta étonnamment silencieux.

– On a deux semaines pour faire les passeports. Acheter les billets. Tout organiser. Tu penses que ça va coller, petit ?

Lionel Messi secoua la tête.

– Je ne suis *pas* petit.

Soldini sourit, et prit Jorge dans ses bras.

Treize jours plus tard, le dimanche 17 septembre 2000, Leo, son père et Fabián Soldini embarquaient à Rosario, direction Barcelone, avec un changement à Buenos Aires.

Ce fut un voyage agité. Jorge et Soldini, inquiets, serraient leurs accoudoirs en regardant au-dehors.

– C'est normal que ça bouge autant ? demanda le père de Leo à l'agent.

Mâchoires serrées, Soldini essaya de lui sourire, et désigna le jeune garçon. La tête contre le hublot, Leo dormait à poings fermés.

Le lendemain, leur appareil se posait sans encombre à l'aéroport de Barcelone. Leo et les deux hommes descendirent.

Le gamin ouvrit de grands yeux. L'endroit lui paraissait immense - et tous ces gens pressés, et ces annonces continuelles dans les haut-parleurs !

Son père lui tenait la main. Pour lui aussi, c'était une première : jamais il n'avait mis les pieds en Europe.

Très vite, Fabián Soldini leur trouva un taxi.

– Pas de temps à perdre. Ils veulent te voir tout de suite à l'entraînement.

Le taxi les déposa d'abord à l'hôtel, une grande tour qui donnait sur le centre de la ville. Leo, debout face à la baie vitrée, cligna des yeux dans le soleil.

– C'est au bord de la mer, murmura-t-il.

Son père lui décocha une bourrade.

– Très observateur.

Deux heures plus tard, ils arrivèrent au siège du club. Le directeur technique des jeunes les accueillit avec empressement, mais leur expliqua qu'il y avait « un petit problème ».

– C'est Carles Rexach qui prendra la décision finale.

– Et ?

– Eh bien, il se trouve actuellement en Australie.

– Ah.

– Mais ce n'est pas grave ! Lionel peut déjà commencer à nous montrer ce qu'il sait faire. Ça va aller, mon garçon ?

Leo leva les deux pouces. Il était décidé.

On l'amena sur le terrain d'entraînement, et on lui donna des exercices à faire. Conduite de balle, centre, transversale, dribbles… Leo passa tous les tests sans problème, à tel point que plusieurs observateurs se réunirent pour le regarder faire.

– Bon, fit le directeur technique, conquis. On va *vraiment* attendre que Rexach revienne de son voyage en Australie. Je pense qu'il sera curieux de voir ça.

Il y en avait pour un moment. Tant pis, décida Jorge. De toute façon, ils n'allaient pas rentrer en Argentine, si ?

Leo secoua la tête. Trois fois par semaine, il allait s'entraîner avec des joueurs de Barcelone. Accompagné de Fabián et de son père, il prenait le métro, débarquait au centre, se mettait en tenue, puis partait rejoindre les autres sur le terrain.

Les deux adultes ne disaient rien, ne l'encourageaient pas. Ce n'était pas nécessaire. Leo illuminait chaque séance de sa classe.

Bientôt, on leur octroya une voiture, pour qu'ils n'aient plus à prendre le métro. Des techniciens du club s'occupaient d'eux, essayaient de choyer Leo, et en profitaient pour l'observer.

En quelques jours, le gamin avait mis tout le monde d'accord. Ne restait plus qu'à obtenir le feu vert du fameux Rexach, qui était toujours à Sidney. Jorge et Fabián ne tenaient plus en place.

– Vous comprenez, leur expliqua un responsable, on a des joueurs espagnols là-bas, en finale du tournoi olympique. Rexach n'a pas le choix. Dès qu'il rentre, ne vous inquiétez pas : il s'occupe de vous.

Quelques jours plus tard, Carles Rexach était enfin de retour. Leo était tranquille. Jorge et son agent, beaucoup moins.

– Fais tout comme d'habitude, et tout se passera bien, lui répétait son père.

– Pourquoi vous êtes stressés comme ça ?

– Pour rien.

L'essai était prévu pour le milieu de l'après-midi, sous un soleil éclatant. Les responsables du Barça avaient décidé de faire jouer le jeune garçon contre des joueurs plus âgés que lui - et bien plus imposants, évidemment.

Carles Rexach et ses trois adjoints, qui avaient pris place dans les tribunes, étaient tous d'anciens joueurs du club. Des joueurs très importants, avait dit Jorge à son fils, qui avaient porté la tunique « blaugrana » pendant de longues saisons - mille huit cents matchs au total pour le quatuor.

Au moment où son garçon entra sur le terrain, Jorge sentit son cœur battre plus fort. À ces gars-là, on ne pouvait pas la raconter. Le foot, c'était aussi leur vie. Mais eux vivaient depuis beaucoup plus longtemps...

Leo, qui ne connaissait pas la pression, fit ce qu'il savait faire le mieux : jouer. Jouer avec entrain, avec joie !

Très vite, il donna la pleine mesure de son talent, dribbla la moitié de l'équipe adverse, et décocha une frappe somptueuse à vingt mètres des buts.

Carles Rexach se tourna vers ses adjoints.

– On le signe tout de suite ! Tout de suite, vous m'entendez ! Inutile de tergiverser.

Jorge et Fabián, qui n'entendaient pas ce qu'il racontait aux autres, étaient tout de même rassurés. Leo avait fait du Leo : il avait ébloui le stade, les sélectionneurs, les autres joueurs, tout le monde.

– Nous allons nous revoir, assura Carles Rexach à Jorge. Nous allons nous revoir très vite. Nous mettons dès aujourd'hui nos avocats sur l'affaire.

– C'est tout ?

Dans l'aéroport de Barcelone, Leo levait les yeux vers son père.

– Ça va prendre du temps, mon grand. Mais ne t'inquiète pas : ce sont des gens de parole. On reviendra bientôt.

Une heure plus tard, le garçon s'asseyait dans l'avion. Un peu naïvement, il s'était imaginé que lui et son père allaient rester à Barcelone, et que le reste de la famille allait les rejoindre. Malheureusement, ce n'était pas si simple.

L'automne à Rosario s'annonçait long – interminable. Les dirigeants des Old Boys, comprit Leo, ne savaient même pas qu'il était allé à Barcelone. « Il ne faut pas leur dire », lui recommanda sa mère. Officiellement, le jeune attaquant avait été malade, voilà.

Ne restait plus qu'à attendre.

11

PARTIR POUR RÉUSSIR

Les mois passaient – Leo rongeait son frein. Pourquoi les Barcelonais ne donnaient-ils pas de nouvelles ? Avaient-ils changé d'avis ?

Noël arriva. Des fêtes passées en famille, avec les cousins et le reste de la famille. Et puis, début 2001 – à la fin de janvier –, un coup de fil de Fabián sonna la fin de l'attente.

— On y retourne, annonça Jorge.

Leo haussa les sourcils.

— Pour quoi faire ?

— Pour jouer.

De nouveau, ce fut un départ étrange. Les Newell's Old Boys n'avaient pas été officiellement prévenus, les Messi préféraient éviter les complications.

Quelques jours plus tard, au début de février, ce fut cette fois la famille tout entière qui partit pour l'aéroport de Rosario : les parents, les deux frères, et Marisol, la petite sœur.

Jorge, qui tirait deux grosses valises, essaya de dédramatiser la situation.

– Allez, quoi, on va juste changer de vie !

Il sentait que quelque chose n'allait pas – et il avait raison. Leo, qui avait commencé à pleurer en montant dans l'avion, sanglota pendant une bonne partie du voyage. Assise à son côté, sa mère s'efforçait de le consoler.

– On ne reviendra jamais ?

– Ne dis pas de bêtises.

Leo secouait la tête.

– Mes amis... je ne les reverrai plus ? Et la maison ? Elle va devenir quoi ? Et la famille ? Ils... Ils vont nous rejoindre ?

Celia ne pouvait que le serrer contre elle, tendrement, tandis que, derrière les hublots, le soleil disparaissait sous la mer des nuages, baignant le crépuscule d'une intense lumière dorée.

Pendant les premières semaines, le temps que Jorge trouve un logement, la famille Messi était logée dans un hôtel non loin du Camp Nou. Après quoi ils posèrent leurs valises dans un appartement assez vaste, – trois chambres – toujours proche du centre d'entraînement. La Gran Via de Carles III était une large avenue, bordée de barres d'immeubles sans charme. Le collège Juan XXIII, où Lionel allait suivre sa scolarité, n'était pas très loin, non plus que La Masía, le centre de formation du FC Barcelone.

Leo était maussade. Ses frères, qui avaient dû suivre le mouvement « à cause » de lui, ne paraissaient pas très heureux de se trouver en Espagne. Quand allait-on rentrer ? demandait parfois Rodrigo, qui avait laissé sa petite amie en Argentine. Matías, lui, ne desserrait pratiquement pas les dents. Il passait sa journée dans le salon, vautré devant la télévision. « On pourrait visiter un peu la ville », avait proposé Jorge, les premiers jours. Les garçons avaient haussé les épaules. Pour quoi faire ? Le jeune footballeur les surveillait du coin de l'œil. Lui en voulaient-ils ? Et si oui, que pouvait-il y faire ?

Une semaine sur deux, quand le FC Barcelone évoluait au Camp Nou, à domicile, il demandait au club à ce qu'on leur donne des places, et les meilleures ! Ses frères le suivaient en traînant des pieds. Cette année-là, les Blaugranas, menés par le Brésilien Rivaldo, peinaient en Liga, loin derrière le Real Madrid, le grand rival, qui caracolait en tête du classement.

À l'entraînement, à La Masía, Leo se donnait à fond. Là était sa place, là était sa joie, il ne pouvait que courir, transpirer, apprendre. Sa famille s'était sacrifiée pour lui, se répétait-il. Et pour sa santé ? Les médecins du club suivaient sa courbe de croissance avec grand intérêt. Au centre d'entraînement, ils lui réservaient un régime alimentaire spécifique (fini, le coca qu'il consommait par litres !), et des séances d'entraînement à part, pour « renforcer ses cartilages », lui expliquait-on. Dans le même temps, les injections d'hormones se poursuivaient. Et Leo s'était mis à grandir, rapidement. En deux ans et demi, il allait prendre trente centimètres. Il était heureux, bien sûr, de voir les courbes s'envoler. Mais il confessait souvent aux médecins être épuisé. Au mois d'avril, quelques semaines à peine après son arrivée, il se fissura le péroné. Résultat ? Plusieurs semaines d'indisponibilité. Repos et rééducation. Une période sombre.

Pour ne rien arranger, une bataille judiciaire continuait de faire rage entre le FC Barcelone et les Newell's Old Boys, qui n'acceptaient pas le transfert de leur pépite. Un recours avait été déposé devant la FIFA. Jorge et les avocats essayaient de cacher ces difficultés au jeune joueur, mais il ne pouvait les ignorer. « Ça va s'arranger », lui répétait son père. Leo avalait sa salive. D'une certaine façon, il avait l'impression d'avoir trahi son pays natal, d'être parti comme un voleur. Sa mère avait de longues discussions avec lui : « Nous faisons ce qui est le mieux pour toi. Tu serais bien bête de t'en vouloir. C'est normal de désirer réussir, quand on a du talent. Et, parfois, la meilleure façon de réussir, c'est de partir. Parce qu'on a trouvé mieux ailleurs. Il faut que tu penses à toi, Leo. »

12

LA MASÍA : UNE GÉNÉRATION PROMETTEUSE

Au centre d'entraînement, le petit attaquant avait commencé à se faire des amis. Cesc Fàbregas, surnommé « Chica », Gerard Piqué – un redoutable défenseur –, et Víctor Vázquez, « le gitan », ainsi appelé à cause de ses cheveux longs. Des enfants du pays, ces trois-là, nés dans le coin, formés à Barcelone dès leur plus jeune âge. Messi les aimait bien, mais il restait le gamin timide de Rosario, celui qui écoutait mais ne parlait presque jamais – sauf quand il jouait avec eux à la PlayStation®.

– En Argentine, je prenais déjà le Barça.

– Alors pourquoi tu as choisi Manchester United ? rigolait Fàbregas.

– Parce que *tu* as pris le Barça !

Ceux qui le connaissaient, sa famille, ses proches, savaient qu'il pouvait être très drôle, à l'occasion. Simplement, il répugnait à se mettre en avant. Ce qui n'empêchait pas ses coéquipiers de le considérer avec respect.

Sa popularité, il la devait à son rayonnement sur le terrain. Peu à peu, sa renommée commençait à grandir. Au sein de l'équipe de jeunes du Barça qu'il avait intégrée, ses exploits ne passaient pas inaperçus. Comme en Argentine, il enchaînait les buts. Lors de sa deuxième saison (2002-2003) à La Masía, il en inscrivit près d'une quarantaine en trente matchs. Les journalistes locaux, qui suivaient les progrès de la jeune génération, l'observaient avec grand intérêt, et commençaient à rédiger des articles. L'un d'eux, quelque temps après son arrivée, l'avait même surnommé le « nouveau Maradona ». Leo s'était contenté de soupirer.

– C'est parce que je suis argentin.

– C'est parce que tu es petit, oui ! avait ricané Gerard Piqué.

Lors du dernier match de championnat de la saison, cette année-là, le jeune attaquant, victime d'un violent contact avec un défenseur de l'Espanyol de Barcelone, perdit brièvement connaissance. Il fut immédiatement transféré à l'hôpital, où il reprit doucement ses esprits. Bilan ? Traumatisme crânien, deux semaines de repos. Leo se redressa sur son lit. Sa famille, qui s'était rassemblée dans sa chambre, le regardait avec stupeur.

– Qu'est-ce que tu fais ? lui demanda sa mère.

– Deux semaines ? Pas possible. On joue la finale de la Coupe de Catalogne !

Son père, qui avait pris place à son chevet, lui tapota la cuisse.

– Tu as une fracture de la pommette, mon grand. Il est là, le problème.

La tête du jeune garçon retomba sur l'oreiller.

– Oui, eh bien, ça ne me va pas du tout. Il faut trouver une solution. Si je rate ce match, on est foutus !

Bras croisés, près de la fenêtre, Rodrigo laissa échapper un ricanement.

– Tu ne crois pas que tu en fais un peu trop ?

Mais Leo n'en démordait pas. Deux jours plus tard, son père, qui était allé discuter avec le staff médical, revint avec un masque noir, en matière plastique. Le jeune attaquant leva un sourcil.

– C'est quoi, ce truc ?

– Protection. Ils peuvent t'en faire un sur mesure.

– Pouah.

– Ta seule chance de jouer.

Leo ne réfléchit pas longtemps. Dix jours plus tard, pour la grande finale, il se tenait sur la pelouse avec ses coéquipiers, un masque sur le visage dont les lanières, se plaignait-il, lui cisaillaient le crâne.

Le coup d'envoi n'avait pas été donné depuis plus de quelques minutes lorsque le jeune attaquant, maussade, vint se plaindre auprès de son coach.

– Je n'y vois rien, avec ce truc. Et puis ça serre. Je ne peux pas l'enlever ?

– Comme tu veux. Mais si tu le fais, je te sors.

Leo rejoignit les autres en traînant des pieds. Rater un match ? Hors de question. Mieux valait encore avoir mal.

À ses copains, le jeune attaquant s'était plaint de « ne rien voir ». À la fin de la rencontre, ils vinrent le chambrer gentiment. En une mi-temps (malgré ses protestations, il avait été remplacé à la pause),

Leo avait inscrit deux buts, et offert deux passes décisives, scellant le succès de son équipe.

Pour les cadets du Barça, cette finale était le point d'orgue d'une saison magnifique, conclue avec un triplé et zéro défaite. Alex García, l'entraîneur, était d'autant plus satisfait que l'appétit de ses poulains paraissait sans limites, et qu'ils s'entendaient aussi bien sur le terrain qu'en dehors. Une véritable amitié s'était forgée, et les jeunes joueurs se stimulaient les uns les autres, s'épaulant dans les moments difficiles, se lançant des défis toujours amicaux. Quand l'un était à terre, les autres lui tendaient la main.

– Une génération très prometteuse, répétait García à qui voulait l'entendre. Une maturité impressionnante. Dans quelques années, je suis certain qu'ils vont exploser au plus haut niveau.

Ça tombait bien. Cette année-là, dans le Championnat espagnol, les joueurs de l'équipe première avaient échoué à une piteuse sixième place, indigne de leur statut. Vingt-deux points les séparaient du Real Madrid du Brésilien Ronaldo. Les supporters, peu satisfaits, réclamaient du changement. Messi et les autres ne l'ignoraient pas, mais le jeune attaquant n'avait que 16 ans, et il devait patienter encore.

– Ne brûle pas les étapes, le prévint son père. Chaque chose en son temps. Pour l'instant, l'équipe première, ce ne sont pas tes oignons. Concentre-toi sur tes objectifs !

Leo lui décocha un regard morne.

– On a fait le triplé. Qu'est-ce qu'on peut rêver de mieux ?

– Un autre triplé ?

– Cesc s'en va.

– Cesc Fàbregas ?

– Oui. Il part à Arsenal. Cet été. Je vais me retrouver seul.

– On n'est jamais seul, quand on joue au foot.

13

TRAVAILLER, TRAVAILLER ENCORE...

Ne pas brûler les étapes ? Leo se répétait souvent ces paroles. Mais c'était plus fort que lui : sa faim d'exploits, sa faim de jeu ne connaissait pas de limites.

Jorge tentait de tempérer ses ardeurs.

– Écoute ce que disent tes coachs. Et apprends. Si tu veux devenir un grand joueur, et pas seulement un « petit génie », comme j'entends certains t'appeler, tu dois travailler, et travailler encore. Ne penser qu'à ça. Insister sur tes points faibles. Perfectionner tes points forts.

Leo hochait la tête, résigné, et reprenait le chemin de La Masía. Chaque fois qu'il passait le portail, il avait un regard pour le Camp Nou, ce stade monumental où s'était bâtie une partie de l'histoire légendaire des Blaugranas. Un jour, se répétait-il, un jour...

Pour le FC Barcelone, la saison 2003-2004 s'avéra largement meilleure que la précédente. Au terme d'un final haletant, les Catalans décrochèrent une jolie deuxième place, derrière le FC Séville mais devant le Real Madrid, relégué à la quatrième place. L'opération reconquête avait porté ses fruits, les supporters ne rêvaient à présent que du titre.

Leo, lui, continuait de s'entraîner, se rendant tous les jours au centre, ne le quittant que pour gagner le collège, dont les cours, en grande partie, l'ennuyaient. De toute façon, répétait-il à sa mère, sa vraie école, c'était La Masía. Il n'y venait pas seulement pour jouer, pas seulement pour apprendre, mais pour *comprendre*. Les formateurs du FC Barcelone insistaient beaucoup sur la technique, le jeu de passes, les petits espaces. La préparation physique arrivait au second plan. Ce qui importait, c'était la conduite du ballon. Les passes au millimètre. Les contrôles en mouvement. La construction du jeu.

L'équipe première du Barça développait un jeu basé sur la possession, et cette philosophie s'appliquait également aux formations de jeunes. Leo, qui était habitué à garder le ballon, avait parfois du mal à se plier aux nouvelles directives. On lui demandait de jouer avec les autres, *pour* les autres même. Mais on n'ignorait pas non plus sa personnalité. Cette façon de se faire oublier, puis de surgir brusquement, où et quand on ne l'attendait pas. Cette démarche nonchalante, comme s'il n'était pas concerné par ce qui se passait sur le terrain. Et puis ces accélérations brutales, fulgurantes ! On aurait dit un cobra, se détendant d'un coup, frappant sans merci. Ses coachs, qui n'ignoraient rien de ses qualités, s'efforçaient de les sublimer. Ils lui infligeaient des exercices compliqués, balle au pied, insistaient sur son explosivité, sur son imprévisibilité. Ils lui apprenaient à se ménager, aussi, car son jeu particulier, fait de décrochages, de changements de rythme, demandait une énergie considérable.

14

PREMIER CONTRAT AVEC LE BARÇA

L'année 2004-2005 fut, pour le FC Barcelone, celle du renouveau tant attendu : menée par le Camerounais Samuel Eto'o, l'équipe catalane remporta enfin la Liga, avec quatre points d'avance sur le grand rival madrilène. Leo Messi, à sa petite mesure, joua un rôle dans cette grande fête.

Le 4 février 2004, le jeune prodige argentin signait son premier contrat professionnel avec le Barça, un contrat de six ans assorti d'une clause libératoire de trente millions d'euros – ce qui signifiait qu'un club désirant l'acheter devait, désormais, débourser cette somme. Avec ce contrat, le clan Messi entrait dans une autre dimension. Ce grand bonheur allait bientôt se doubler d'un autre lorsque, le 30 juin, Leo fit ses débuts en sélection argentine des moins de 20 ans lors d'une rencontre amicale contre le Paraguay (où il inscrivit un but) suivie d'une autre contre l'Uruguay (où il en marqua deux).

L'entraîneur du Barça, cette année-là, était Frank Rijkaard, un ancien milieu de terrain du Milan AC, qui avait remporté trois Ligues des champions en tant que joueur, et espérait maintenant faire la même chose en tant que coach. Leo Messi avait reçu un maillot floqué du numéro 30. En championnat, il fit ses débuts au mois d'octobre contre l'Espanyol Barcelone, puis participa à la Ligue des champions, le 7 décembre, contre le Chakhtar Donetsk. La plupart du temps, cependant, il évoluait avec l'équipe réserve, et ne devait ses titularisations qu'aux blessures de ses coéquipiers. C'est ainsi que le 1er mai 2005, contre l'Albacete Balompié, il inscrivit son premier but d'un ballon piqué, à la suite d'une belle combinaison avec son idole Ronaldinho. Il y avait de quoi être fier ! À 17 ans et 310 jours, Lionel Messi devenait le plus jeune buteur de l'histoire du club. Le doigt pointé vers le ciel, il salua sa grand-mère, l'éternelle Celia. Celle sans qui rien, peut-être, ne serait arrivé.

En Ligue des champions, en huitièmes de finale, les Blaugranas, qui avaient signé une victoire sur le fil contre Chelsea à domicile (2-1), se firent sortir prématurément par le Chelsea de Lampard et Terry, après avoir très rapidement été menés 3-0. C'était le regret de Rijkaard, et l'Europe s'annonçait déjà comme l'objectif numéro 1 de la saison suivante.

Le 25 août 2005, dans un match de prestige disputé au Camp Nou contre la Juventus de Turin de Fabio Capello (Barcelone allait s'incliner aux tirs au but), Messi jouait sans savoir que son avenir au sein de la formation catalane ne tenait plus qu'à un fil. Rijkaard utilisait déjà de nombreux joueurs de petite taille; la vérité, c'est qu'il ne savait pas trop quoi faire de Leo. Le mettre en pointe? Il avait déjà des attaquants de métier. Lui confier l'organisation du jeu? De la folie: il était bien trop jeune.

Un homme voyait les choses autrement: Fabio Capello, le coach de la Juve. Lui était ébloui par ce qu'il voyait sur le terrain. À son retour en Italie, l'idée de faire venir Messi était rapidement devenue une obsession: « Vous avez vu ce gamin? Un phénomène! Vous savez quoi? Il va devenir le meilleur joueur du monde. Ma main à couper! » Il faut dire que Leo, devant plus de quatre-vingt-dix mille spectateurs, avait, une fois de plus, montré toute l'étendue de son talent. Un fait frappait les observateurs : dans les grandes occasions, il ne décevait jamais. La pression ? Il ne la connaissait pas. Il jouait, il rayonnait, il offrait un football fantasque, magique, parfois irréel. Au grand défenseur Fabio Cannavaro, capitaine de l'équipe d'Italie et futur vainqueur de la Coupe du monde 2006, il avait infligé pas moins de deux petits ponts d'affilée. Chaque fois qu'il s'approchait de la surface, un grondement s'élevait du public, et on sentait les défenseurs italiens trembler. Tout pouvait arriver.

À la fin de la rencontre, encore sous le choc, l'entraîneur italien était allé trouver son homologue néerlandais.

– On peut se parler franchement ?

Rijkaard avait souri.

– Je le sens mal.

– Ton Messi, là, il ne rentre pas dans tes plans ?

Le coach du Barça s'était raclé la gorge.

– Plus compliqué que ça. On a déjà beaucoup de joueurs étrangers. Ronaldinho, Eto'o, Márquez, des titulaires indiscutables, je ne t'apprends rien.

Leo est un extra-communautaire, comme eux, mais, comment dire ? Il n'a que 18 ans.

– Prête-le moi.

– Quoi ?

– À la Juve, je le ferai jouer. Je te le rends dans deux ou trois ans. Il aura grandi, alors. Et tu auras réglé ton problème.

– Je suis déjà sur le point de le régler, répondit sèchement Rijkaard.

Peu convaincu, Capello opina.

– Ok. Mais si tu changes d'avis…

Rijkaard porta deux doigts à sa tempe.

– À plus.

Il regagna les vestiaires. La situation de Leo, effectivement, était des plus inconfortables. Quatre joueurs extra-communautaires, c'était un de trop. Or, Messi avait déjà joué avec l'Albiceleste, deux matchs amicaux, il était donc argentin, aucun doute. Restait une possibilité : comme il avait vécu un long moment en Espagne, il pouvait prétendre au statut d'assimilé, autrement dit, devenir un « presque » Espagnol. En attendant, le faire jouer avec les trois autres était exclu. Les dirigeants barcelonais décidèrent donc, pour la saison 2005-2006, de le tenir à l'écart. Pas de match de Liga, une maigrelette rencontre de Ligue des champions... Leo, évidemment, trépignait.

À la fin de septembre, heureusement, une solution fut trouvée ; les avocats du Barça s'étaient activés, et Leo se vit remettre un passeport communautaire. De nouveau, il pouvait évoluer en équipe première. Et s'y faire définitivement une place ?

Positionné ailier droit, en concurrence avec Ludovic Giuly, le lutin français, Leo commençait à jouer de plus en plus. Le 2 novembre, il inscrivit son premier but et délivra sa première passe décisive en Ligue des champions lors d'une rencontre contre les Grecs du Panathinaïkós, écrasés 5-0 au Camp Nou. Les Catalans allaient survoler leur phase de poule : cinq victoires, un nul, rendez-vous pour les huitièmes de finale en 2006. En championnat aussi, les choses se passaient bien. Le 19 novembre, le Barça infligeait un cinglant 3-0 au Real sur son propre terrain, et Leo eut le bonheur de contribuer à l'ouverture du score, avec une passe décisive pour Samuel Eto'o. À la fin de novembre, il marqua de nouveau, contre le Racing Santander, donnant le tournis à la défense adverse. C'est à la suite de cette rencontre qu'il reçut son surnom de « la Pulga » - « la puce » -, décerné par un journaliste argentin en référence à sa vivacité, à son côté bondissant. Rodrigo et Matías, ses deux frères, ne purent s'empêcher de sourire. Depuis des années, ils le surnommaient « la Pulguita » - « la petite puce ». Cette année-là, les performances de Leo lui valurent d'être élu meilleur joueur d'Europe des moins de 21 ans par le journal italien *Tuttosport*, devant Wayne Rooney et un certain Cristiano Ronaldo.

Le 22 février 2006, les choses sérieuses commençaient en huitièmes de finale de la Ligue des champions, contre Chelsea. Les Anglais avaient laissé un mauvais souvenir aux Catalans, et le moment était venu de laver l'affront. Titularisé aux côtés d'Eto'o et de Ronaldinho, Leo participa à la victoire des siens, 2-1 à l'extérieur, malgré une ouverture du score des Anglais. Hélas ! Pour le retour, le 7 mars au Camp Nou, la Pulga se blessa. Une semaine plus tôt, en équipe nationale, il avait marqué son premier but contre la Croatie, accompagné d'une passe décisive. Intense frustration !

Sans Leo, le Barça remporta non seulement le Championnat d'Espagne, avec une confortable avance de douze points sur le Real, mais aussi la tant convoitée Ligue des champions, contre les Anglais d'Arsenal au Stade de France, à Saint-Denis. Une fois encore, les Anglais avaient ouvert le score. Mais, grâce à l'inévitable Eto'o – qui serait sacré homme du match –, les Barcelonais arrachèrent une victoire dans le dernier quart d'heure. Joie indescriptible ! Messi, évidemment, fêta comme il se devait ce trophée avec ses coéquipiers. Au fond de lui, cependant, un fond d'amertume subsistait. Ce n'était pas vraiment « sa » Ligue des champions. Il avait commencé un travail, et n'avait pas pu le terminer.

« Tout de même, lui souffla sa mère au moment où, sortant de blessure, il recevait la confirmation de sa sélection pour la Coupe du monde 2006, qui se disputait en Allemagne, tout de même, j'espère que tu mesures le chemin parcouru ! De là-haut, ta grand-mère te regarde, tu sais. Et elle rayonne de fierté. »

Leo acquiesça. Il n'avait pas 19 ans, et il allait disputer le premier Mondial de sa carrière. Petite ombre au tableau : le coach des Argentins, José Pékerman, n'avait pas choisi d'en faire un titulaire. Peu importe ! Comme d'habitude, Leo allait apporter sa réponse sur le terrain, avec un but inscrit contre la Serbie-et-Monténégro. Score final : 6-0 !

Malheureusement, l'aventure argentine allait s'arrêter aux portes des demi-finales, après une triste élimination contre l'Allemagne aux tirs au but – alors que l'Albiceleste avait longtemps tenu le match.

15

LA PULGA, L'ÉTOILE MONTANTE

Une nouvelle saison commençait. Champion d'Espagne, vainqueur de la Ligue des champions, le FC Barcelone allait avoir du mal, pour la saison 2006-2007, à se surpasser. Le Hollandais Frank Rijkaard, qui avait peu à peu fait entrer Lionel Messi dans son effectif, avait décidé, pour cette année, de lui témoigner une confiance accrue, au détriment de Ludovic Giuly. La presse et les observateurs étaient à peu près unanimes : à l'aube de ses 20 ans, Messi s'affirmait comme une grande star du futur. Placé en attaque auprès de Ronaldinho et de Samuel Eto'o, il allait faire partie d'un trident redoutable. Les choses s'annonçaient bien : avec Messi en titulaire, les Catalans s'imposèrent dès le mois d'août lors du match de Super-Coupe d'Espagne face à l'Espanyol Barcelone. Hélas ! Pour la Pulga, la joie fut de courte durée. Le 12 novembre, lors d'un match contre Saragosse, il dut sortir sur une civière, en larmes. Verdict ? Fracture du métatarse – trois mois d'indisponibilité. Ce n'était pas la première fois que le jeune attaquant était blessé ; ce coup-ci, cependant, la pilule était plus difficile à avaler, comme il s'en ouvrit à son père.

– C'était mon année !

– Sottises. Tu n'as pas 20 ans.

– Mais tu me l'as dit toi-même : le train ne passe pas deux fois !

– Tu déformes mes propos. Ta marge de progression est immense. Tu vas te retaper, et tu vas revenir. Crois-moi.

Ils étaient attablés au fond d'un vieux restaurant du cœur de Barcelone. Leo portait des lunettes noires pour ne pas être reconnu. Depuis quelque temps, sa popularité allait grandissant en Catalogne. De nombreux supporters voyaient en lui l'avenir du club. Les maillots floqués à son nom commençaient à s'écouler par milliers. Certes, il ne possédait pas encore le rayonnement d'un Eto'o ou d'un Ronaldinho, lequel, cette année, allait finir meilleur buteur du club, avec vingt-trois réalisations. Mais, au fond de lui, il savait que son père avait raison. Sa blessure ne changeait pas grand-chose. Il allait revenir, oui : et plus fort.

Leo ne fit son retour qu'en février. En Liga, la lutte avec le Real de Madrid était féroce. Le FC Séville jouait les outsiders ; rien n'était gagné, d'autant que la première rencontre contre le grand rival de la capitale s'était soldée en octobre par une défaite 2-0. En Ligue des champions, le tableau était aussi moins reluisant que l'année précédente. Le Barça n'avait terminé que deuxième de son groupe de poule, derrière son rival du moment, le FC Chelsea, qu'il n'avait réussi à battre ni à l'aller ni au retour. En huitièmes de finale, il affrontait Liverpool, qui vint gagner chez lui 2-1 à l'aller, et s'inclina 1-0 au retour. En vertu de la règle du but marqué à l'extérieur, les Catalans étaient éliminés. Sur Rijkaard, les critiques commençaient à pleuvoir. Le jeu proposé par les Barcelonais était souvent insipide. L'équipe s'en remettait à ses individualités, les joueurs étaient mal employés.

La lutte pour le titre continuait de faire rage, le rival madrilène n'était pas écarté. Le 10 mars avait lieu le fameux « classico » qui, peut-être, allait permettre aux Barcelonais de mettre les choses au point. Leo aimait ces affiches spectaculaires, qui mettaient tout un peuple en émoi. Elles lui rappelaient les jours glorieux de Rosario, les Old Boys et Rosario Central, les poings serrés de son père face au poste de télévision, les glapissements de ses frères. Pour cette immense affiche, diffusée un peu partout dans le monde, la Pulga fut une fois de plus au rendez-vous. Dès la cinquième minute, le Néerlandais Ruud Van Nistelrooy ouvrait le score pour les Madrilènes, jetant un froid polaire sur le Camp Nou. Les supporters barcelonais n'eurent pas vraiment le temps d'avoir peur : six minutes plus tard, Lionel Messi, qui portait le numéro 19, égalisait d'un tir croisé. Sur le bord du terrain, sifflant entre ses doigts, Rijkaard faisait signe à ses joueurs de ne pas se démobiliser. Il ne fut guère entendu : à la douzième minute, sur une faute assez évitable, un penalty fut sifflé, que l'inévitable Van Nistelrooy se chargea de transformer. Mais à la demi-heure de jeu, nouveau coup de tonnerre. Festival de Ronaldinho dans la défense madrilène, tir repoussé par le gardien, Leo, démarqué aux six mètres, reprit le ballon de volée et le catapulta dans les filets adverses : 2-2 ! On se dirigeait vers la mi-temps lorsque Oleguer, un défenseur blaugrana, reçut un second carton jaune, synonyme d'expulsion.

Les cartes étaient rebattues, le Barça allait devoir jouer toute la seconde mi-temps à 10 contre 11. Au retour du vestiaire, les actions s'enchaînèrent, mais les locaux résistèrent longtemps... jusqu'à la soixante-treizième minute et un but de la tête du défenseur Sergio Ramos, sur coup franc. Pour beaucoup, la messe était dite, et on se dirigeait tristement vers la fin du match lorsque, dans les arrêts de jeu, Leo reçut un ballon sur le flanc gauche, se débarrassa d'un premier Madrilène, puis d'un deuxième et, d'un puissant tir croisé, de nouveau, trompa le gardien du Real : 3-3 ! Un nul inespéré, qui permettait au Barça de rester en vie. Les supporters, aux anges, scandaient le nom de leur nouvelle idole. Depuis Iván Zamorano, en 1995, Lionel Messi était le premier joueur à inscrire trois buts lors d'un classico.

Le 18 avril, lors de la demi-finale aller de la Coupe d'Espagne face à Getafe, il s'illustra encore en marquant un but exceptionnel, rappelant fortement celui inscrit par Diego Maradona lors du quart de finale de la Coupe du monde de 1986 contre l'Angleterre. Des spécialistes avaient fait leurs calculs : même distance parcourue (62 mètres), même nombre de joueurs éliminés (6, en comptant le gardien), et même conclusion, sur un tir du droit complètement excentré. Un phénomène !

Rijkaard, qui avait décidé de placer Messi sur l'aile droite pour lui permettre de rentrer au centre du terrain et de tirer facilement avec son pied gauche, avait vu juste en ignorant les protestations du joueur. Cette année-là, lors des treize derniers matchs de la Liga, le lutin inscrivit onze buts. Ce ne fut malheureusement pas suffisant pour offrir un nouveau titre aux Barcelonais. Au terme d'une course-poursuite haletante, dont le FC Séville avait fini par être éjecté, les Blaugranas terminaient avec le même nombre de points que le rival madrilène (76) et une bien meilleure différence de buts – meilleure attaque et meilleure défense du championnat. Le problème, c'était qu'en cas d'égalité, les équipes étaient départagées à la différence de buts particulière, autrement dit, en ne tenant compte que de leurs deux confrontations. Et, à ce petit jeu-là, Madrid, qui l'avait emporté 2-0 à l'aller, sortait gagnant. Saison blanche, donc, pour le Barça, bien loin des ambitions affichées l'année précédente. Tête basse dans les vestiaires, le jeune Leo, qui avait fait tout son possible, et était désormais célébré comme l'étoile montante du club, songeait déjà à la suite : la Copa América, que l'Argentine allait disputer au Venezuela.

En match amical contre l'Algérie, la Pulga avait inscrit son premier doublé en équipe nationale, pour une victoire paradoxalement assez inquiétante. Trois buts encaissés ? Il allait falloir montrer autre chose, Messi en était conscient, d'autant que, cette fois, il allait être titulaire.

Les adversaires de poule – États-Unis, Colombie et Paraguay – étaient largement à la portée de l'Albiceleste. De fait, elle en disposa facilement. Victoire 4-1 contre les Américains, 4-2 contre la Colombie et 1-0 contre les Paraguayens. Messi n'avait pas marqué, mais il avait pesé sur le jeu et semé la panique dans les défenses adverses. En quarts de finale, le Pérou fut sèchement écarté, 4-0, avec un but de Leo à la soixante-deuxième. Le petit attaquant marqua aussi en demi-finale contre le Mexique, victoire 3-0, ce qui lui donnait le droit d'affronter le Brésil en finale – un Brésil qui, de son côté, s'était défait péniblement de l'Uruguay aux tirs au but, et ne se présentait pas vraiment comme le favori. Ce fut pourtant ce même Brésil qui l'emporta lors d'un match à sens unique, 3-0, après une ouverture du score dès la cinquième minute. Impuissant lors de cette rencontre, Messi fut cependant élu meilleur jeune joueur du tournoi. Les supporters argentins qui, pour une partie d'entre eux, lui en avaient voulu d'avoir quitté le pays, des années auparavant, pour répondre aux sirènes européennes, commençaient à prendre la Pulga en affection, et à comprendre que l'avenir ne s'écrirait pas sans lui.

16

L'ANNÉE DES « QUATRE FANTASTIQUES »

La saison 2007-2008 s'annonçait sous de nouveaux auspices. En faisant venir Thierry Henry, le talentueux attaquant français qui avait tant brillé à Arsenal, le président de Barcelone, Joan Laporta, transformait le trio d'attaque en quatuor. « Les quatre fantastiques », s'enthousiasmait la presse. Avec Henry, Eto'o et Ronaldinho, Lionel Messi, qui avait fêté ses 20 ans, allait pouvoir donner la pleine mesure de son talent. Des quatre champions, il était le plus jeune. Il se révéla aussi le plus régulier : il inscrivit douze buts au cours de la première partie de la saison et participa activement à la qualification de son équipe pour les huitièmes de finale de la Ligue des champions, en marquant quatre buts. Dans cette compétition – toujours un objectif pour les Blaugranas –, Leo et les siens terminaient premiers de leur groupe, devant l'Olympique lyonnais. Mieux ! Nommé pour le Ballon d'or, le jeune attaquant terminait à une incroyable troisième place, derrière le Brésilien Kaká, qui avait remporté la Ligue des champions, et le Portugais Cristiano Ronaldo, une autre jeune gloire qui faisait des merveilles avec Manchester United. Lors de cette saison, c'était ce même Manchester qui allait remporter la Ligue des champions, avec un but en finale de Ronaldo, toujours lui, et une terrible séance de tirs au but. Les Barcelonais, eux, verraient leur parcours s'arrêter en demi-finales, au terme de deux matchs très disputés contre... Manchester, justement. Pour rapporter de nouveau la « coupe aux grandes oreilles » à la maison, Messi et les siens allaient devoir attendre encore un peu.

Les choses se révélaient plus compliquées encore en Liga, avec une troisième place et dix-neuf pauvres victoires en trente-huit matchs, qui allaient laisser les Blaugranas loin derrière l'éternel rival, le Real Madrid.

Blessé à Valence, le 15 décembre, la Pulga allait manquer cinq semaines de compétition, avant de revenir (et de marquer un doublé) lors des huitièmes de finale contre le Celtic de Glasgow. L'enthousiasme des supporters fut cependant de nouveau refroidi lorsque, le 4 mars, la Pulga dut une nouvelle fois quitter ses partenaires. Panique dans les rangs ! Il était désormais clair que, sans son petit trublion argentin, la formation catalane avait beaucoup plus de mal.

Pour la deuxième saison d'affilée, le Barça ne remporta cette année-là aucun titre majeur. En championnat, le 7 mai, la présence de la Pulga ne permit pourtant pas aux Blaugranas d'éviter la déroute : défaite 4-1, Thierry Henry ne sauvant l'honneur que dans les dernières minutes. « Frank Rijkaard, démission ! », criaient les supporters dans les travées. Malgré ses blessures, Lionel Messi terminait sa saison avec seize buts et treize passes décisives en quarante matchs. Pas si mal ! Il était clair, toutefois, que l'histoire des « quatre fantastiques » n'avait jamais réellement pris. Manque d'automatismes, plan de jeu peu clair... Pour la saison suivante, il allait falloir trouver autre chose, afin d'éviter de subir une nouvelle désillusion.

17

ALLER PLUS HAUT

Les dirigeants barcelonais l'avaient promis : 2008-2009 allait être l'année du changement. Leo ne tenait pas en place. Il l'avait répété à ses proches, à ses coéquipiers : cette saison, il la sentait bien. Le nouveau coach, un certain Pep Guardiola, lui plaisait bien. C'était un ancien du club, il en connaissait parfaitement les rouages. Surtout, c'était un adepte du beau jeu, du jeu de possession. Du passé, il faisait table rase. Et il l'avait dit à Leo : il attendait beaucoup de lui. *Vraiment* beaucoup.

Côté départs, le club avait vendu Ronaldinho à l'AC Milan, pour vingt-cinq millions d'euros. Un temps, il avait été question que Samuel Eto'o parte aussi. Mais le Camerounais, en réalisant une présaison de grande classe, avait montré qu'il faudrait encore compter avec lui cette année. Il fut finalement conservé.

Au rayon des arrivées? Daniel Alves posait ses valises en Catalogne, un défenseur brésilien venu du Séville FC pour trente-deux millions d'euros qui, l'année passée, avait montré de très belles choses. Leo eut aussi le bonheur de retrouver Gerard Piqué, son vieux copain de formation, acheté à Manchester United. Autre joueur d'importance? Sergio Busquets, un milieu de terrain prometteur, dont l'entente avec Leo allait bientôt se révéler primordiale.

La saison commença doucement: une défaite, un nul... Les supporters grinçaient des dents. C'était ça, la méthode Guardiola? C'était ça, le renouveau annoncé? Rapidement, cependant, leurs craintes s'éteignirent, et le Barça commença à enchaîner les victoires... et les cartons. Au terme des dix premières journées, les Catalans avaient déjà inscrit trente-quatre buts ! Le Real, cette fois, avait du mal à suivre, Séville était à la traîne aussi, la locomotive barcelonaise fonçait à un train d'enfer. Le fait qu'elle termine championne d'hiver avec cinquante points sur cinquante-sept possibles – un record – ne fut une surprise pour personne, tant le niveau de jeu affiché était exceptionnel. En moyenne, l'équipe inscrivait plus de trois buts par match. Et Messi n'était nullement étranger à cette cadence puisqu'il termina, à la mi-saison, avec un bilan de vingt et un buts en vingt-quatre apparitions sur le terrain. Car il n'y avait pas « que » la Liga. En Ligue des champions aussi, le Barça commençait à semer la terreur. Lors de la deuxième journée, Messi inscrivit dans les cinq dernières minutes un doublé contre le Chakhtar Donetsk, alors que son équipe avait été longtemps menée. À Bâle, il ouvrit le score, marquant le premier des cinq buts du Barça. Il récidiva au retour, et marqua encore lors de la victoire 5-2 des Blaugranas sur le terrain du Sporting Portugal. Grâce à ce score, Leo et les siens s'assuraient la première place du groupe. Leur épopée ne faisait que commencer.

Le 11 mars, après un difficile match nul acquis sur les terres de l'Olympique lyonnais, le Barça infligea un retentissant 5-2 à son adversaire – nouveau but de Messi. Les quarts de finale furent plus spectaculaires encore : carton 4-0 contre un Bayern de Munich pourtant présenté comme un ogre après ses deux victoires 5-0 et 7-1 contre le Sporting Portugal. De nouveau, la Pulga s'illustra avec un doublé : à la mi-temps, déjà, la messe était dite. Le retour ? Un nul 1-1, presque une formalité. En demi-finales, Messi et les siens retrouvaient leur vieux camarade de jeu, le FC Chelsea. Après un pénible 0-0 au Camp Nou, les journalistes espagnols commençaient à mettre la pression sur les Blaugranas. Ce n'était pas un mauvais résultat, tout restait possible, mais il allait falloir marquer à Londres pour espérer atteindre la finale. Ce fut chose faite quand, menés 1-0 pendant la majeure partie de la rencontre, les Barcelonais s'en remirent à un but, dans les arrêts de jeu, inscrit par Iniesta, un jeune joueur qui, lui aussi, commençait à promettre beaucoup : 1-1, et en route pour Rome, où les Blaugranas allaient retrouver le Manchester United de Ronaldo, tenant du titre.

Très vite, lors de cette finale, les Red Devils essayèrent de faire parler la poudre, avec un Cristiano Ronaldo intenable. Mais les joueurs de Pep Guardiola gardèrent leur calme et, sur leur première action, à la dixième minute, trouvèrent le chemin des filets. Accélération plein axe d'Iniesta, et passe pour Eto'o qui, se défaisant habilement d'un défenseur, trompa le portier mancunien d'un tir imparable.

Les hommes d'Alex Ferguson n'avaient plus le choix : il leur fallait marquer. Privés d'Alves et d'Abidal, deux de leurs titulaires, les Barcelonais procédaient en contres, et faillirent marquer à plusieurs reprises, avant que Messi, d'un improbable but de la tête, sur un centre de Xavi, délivre les siens. Septième but dans la compétition ! Avec cette inspiration géniale, la Pulga frappait très fort. Non seulement il offrait le plus prestigieux des trophées à son équipe, mais il terminait meilleur buteur de la compétition, avec neuf réalisations. Mieux : le Barça ayant remporté la Coupe du Roi (victoire contre l'Athletic Bilbao 4-1 avec un but de Leo, évidemment) et s'étant adjugé la Liga avec neuf points d'avance sur le Real, et une différence de buts faramineuse (+ 70), c'était un fabuleux triplé, un exploit unique que signait la formation catalane.

Le symbole de cette saison ? Le match du 2 mai à Santiago Bernabéu, chez le rival éternel. Tout avait pourtant mal démarré pour les Blaugranas. Sur un centre de Sergio Ramos, Gonzalo Higuaín, seul au point de penalty, avait marqué de la tête avant le quart de jeu. Mais le Barça n'avait pas tardé à réagir. Ouverture de Messi à la dix-huitième, but de Thierry Henry de l'intérieur. Après quoi, deux minutes plus tard : une tête de Carles Puyol, puis un but de Leo, profitant d'une perte de balle de Lassana Diarra, à la trente-cinquième. En revenant au score, à la cinquante-sixième minute, sur un but de Ramos, les « Merengue » pensaient avoir fait le plus dur. Ils se trompaient, lourdement. Tout de suite après, Xavi – qui allait délivrer pas moins de quatre passes décisives lors de cette rencontre – trouva de nouveau Henry, lui permettant d'inscrire un doublé. Messi marqua aussi un deuxième but, à la soixante-quinzième, avant que Gerard Piqué, son vieux copain, vienne corser l'addition à la quatre-vingt-deuxième : 6-2, une punition ! Jamais le Real n'avait concédé six buts sur sa pelouse. Mais ça, c'était avant Leo Messi.

« Le plus dur commence », lui annonça son père, un soir qu'ils dînaient en famille dans un luxueux restaurant des faubourgs, où on avait privatisé une salle rien que pour eux : Leo, ses parents, ses deux frères, sa petite sœur. Dégustant une assiette de spaghettis aux palourdes, le jeune prodige avait reposé sa fourchette, interloqué, souriant.

– Quoi ?

– Papa a raison.

Sa jeune sœur Maria Sol, qui allait bientôt fêter son seizième anniversaire, le regardait droit dans les yeux. Leo prêtait attention à ses conseils, car il savait qu'elle posait sur tout cela un regard extérieur. Il avait grandi sans grandir vraiment : enfermé dans sa bulle, propulsé vers une célébrité mondiale par la seule force de son talent, mais seul, souvent, coupé des réalités du monde, il y avait beaucoup de choses qu'il ignorait encore. Maria Sol, elle, s'efforçait de mener une existence « normale », loin des flashs et de toute la folie qui entourait le Barça. Pour elle, Leo restait Leo. Le petit garçon qui l'avait fait sauter sur ses genoux, à Rosario, qui lui avait donné son premier biberon, celui qu'elle avait consolé, aussi, à leur arrivée à Barcelone, quand il avait été si malheureux.

– Qu'est-ce que vous voulez dire ?

– Tu le sais bien, répliqua la jeune fille. Ce qui s'est passé cette année pour ton équipe, c'était exceptionnel, on ne sait pas si ça arrivera de nouveau un jour. Et toi, tu viens de fêter ton vingt-deuxième anniversaire, tout le monde dit que tu es favori pour le Ballon d'or, tu as fini meilleur buteur de la Ligue des champions… Qu'est-ce qu'il te reste à espérer, hein ?

Leo souriait, incrédule. Il se mit à compter sur ses doigts.

– Alors : 1) gagner une Coupe du monde avec l'Argentine, 2) gagner une Copa América, 3) finir meilleur buteur de la Liga, 4) gagner le Ballon d'or, parce que, contrairement à ce que tu dis, moi, je pense que ce n'est pas joué encore, et que Ronaldo l'a eu l'année dernière, et que ça m'énerve au plus haut point. Et 5) refaire tout ça plusieurs fois. Jouer jusqu'à... euh... au moins 35 ans ?

Son père, sa mère, ses deux frères, sa sœur : tous le regardaient avec un mélange d'infinie tendresse et d'effarement. Ils le connaissaient assez pour savoir qu'il ne plaisantait qu'à moitié.

18

ARGENTIN ET BALLON D'OR

Les années se suivent et ne se ressemblent pas : Leo connaissait la chanson. De nouveaux défis l'attendaient pour cette saison 2009-2010, et pas des moindres. D'abord au sein de sa propre formation. Cette fois, son coéquipier Samuel Eto'o s'en allait ; il avait été échangé contre le Suédois Zlatan Ibrahimovic, qui venait de marquer vingt-cinq buts avec l'Inter Milan, et de remporter son troisième titre d'affilée. « Ibra », qui avait six ans de plus que Leo, arrivait à Barcelone avec de grandes ambitions : devenir le numéro 1 de l'équipe. La Pulga, évidemment, ne l'entendait pas de cette oreille. Leo s'était habitué à son statut de star de l'équipe, Pep Guardiola lui avait assuré qu'il en restait l'atout majeur, il allait falloir que le géant suédois reste à sa place. D'autant qu'un nouveau joueur piétinait sur le seuil : Pedro, un jeune Espagnol passé par La Masía, lui aussi, qui avait le même âge que Leo, et que le coach voulait lancer dans le grand bain.

Mais ce n'était pas tout. Du côté du Real Madrid aussi, on s'était renforcé. Pas question de vivre une nouvelle année vierge, et de laisser le Barça devenir le plus grand club espagnol ! Pour cette nouvelle saison, le club de la capitale avait cassé sa tirelire. Cristiano Ronaldo, le grand rival de Leo, arrivait. Mais aussi Kaká, l'ancien Ballon d'or, Karim Benzema, un jeune Français qui promettait beaucoup, et Xabi Alonso, un pilier de l'équipe d'Espagne, qui avait remporté l'Euro 2008 et qui, avec l'approche de la Coupe du monde 2010, visait, avec Iniesta et les autres, un doublé historique.

Le 23 août, pour la Super-Coupe d'Espagne, le FC Barcelone battit aisément l'Athletic Bilbao avec un nouveau doublé de Messi. Cinq jours plus tard, contre le Chakhtar Donetsk, il remporta la Super-Coupe de l'UEFA (passe décisive de Leo pour Pedro) : cinq titres pour l'année 2009, le record prenait plus de valeur encore. Messi se sentait formidablement bien en Catalogne. Les supporters l'adoraient, les dirigeants le lui répétaient : il était l'âme du club, son cœur, le projet était bâti autour de lui. Que de chemin parcouru depuis son arrivée, près de dix ans plus tôt, et ses premiers ballons touchés sur la pelouse du centre de formation ! Le 18 septembre 2009, dans les bureaux du club, la Pulga paraphait un nouveau contrat le liant au club jusqu'au 30 juin 2016, avec une clause libératoire de deux cent cinquante millions d'euros. À présent, le petit génie argentin touchait entre dix et douze millions et demi par an.

L'objectif, pour l'équipe catalane, était le même que la saison précédente : la Liga et la Ligue des champions, pas moins. À titre personnel, Leo avait aussi la Coupe du monde en ligne de mire. Pas question pour autant de s'économiser.

Dès les premiers matchs de championnat, le virtuose attaquant déploya une grosse activité. Cinq buts en trois matchs pour commencer, et le Barça était sur les rails. La Ligue des champions ? Messi et les siens étaient tombés dans le même groupe que l'Inter Milan, une équipe coachée par le redoutable José Mourinho, qui pratiquait un football aride et peu spectaculaire, mais restait très difficile à battre : tout le contraire, en somme, du jeu développé par Guardiola. Un premier aperçu de la « méthode » Mourinho fut offert aux

Blaugranas lors du match aller, où les deux équipes, devant plus de quatre-vingt mille spectateurs, se séparèrent sur un triste 0-0. Contre le faible Dynamo de Kiev, treize jours plus tard, la Pulga ouvrit son compteur de buts par une victoire 2-0, avant que le tenant du titre se laisse surprendre, à domicile, contre l'étonnant Rubin Kazan, un club russe que personne n'attendait à ce niveau. Malgré un but d'Ibrahimovic, et treize tirs cadrés, les locaux, confrontés à une défense héroïque des Russes, s'inclinèrent 2-1. Il fallait redresser la barre, et vite ! Ce fut fait lors du match retour contre l'Inter Milan, et une victoire 2-0, sur des buts de Piqué et Pedro. Messi, blessé aux adducteurs, ne participait pas à la rencontre. Il revint en Liga le 29 novembre, juste à temps pour participer à la victoire de son équipe sur le Real Madrid. Une fois de plus, il paraissait probable que le titre se joue entre ces deux équipes, qui empilaient les buts avec une régularité affolante : cette année-là, le Barça en inscrirait quatre-vingt-dix-huit, et le Real cent deux – mais les Blaugranas afficheraient de loin la meilleure défense, avec vingt-quatre buts seulement encaissés.

Le 1er décembre 2009 fut un grand, un immense jour pour Messi. Les votants du Ballon d'or étaient quasi unanimes : ils lui décernèrent le trophée, récompense d'une saison absolument exceptionnelle en club. Ronaldo, qui avait déjà remporté le trophée une fois, arrivait deuxième. Les observateurs se frottaient les mains. La rivalité Barça/Real se doublait d'un duel à distance, qui ne faisait que commencer : Messi/Ronaldo. Personne ne le savait encore, mais ce combat allait se prolonger pendant plus d'une décennie. Aux autres joueurs, ces deux attaquants exceptionnels ne laisseraient quasiment que des miettes.

En attendant, Leo était le premier Argentin à remporter ce trophée, et le premier joueur formé au FC Barcelone.

— Je ne vais pas m'arrêter là, déclarait-il à qui voulait l'entendre. En fait, je ne fais que m'échauffer.

Comme pour appuyer ses dires, une semaine plus tard, il inscrivait un coup franc décisif – l'une de ses spécialités – sur la pelouse du Dynamo Kiev, pour offrir à son club la première place de son groupe en Ligue des champions. Blessé à la cheville, il fit son retour pour la Coupe du monde des clubs 2009, disputée contre les Argentins d'Estudiantes de La Plata. Longtemps menés, les Catalans égalisèrent à la quatre-vingt-neuvième minute par l'inévitable Pedro, qui réalisait un beau début de saison en tant que remplaçant de luxe, avant que Messi, qui s'était fait oublier, lui offre le but de la victoire lors de la prolongation, reprenant de la poitrine un centre de Dani Alves. Champion du monde des clubs, le Barça signait là un exploit inédit : six titres en une année, un sextuplé ahurissant.

Pour autant, tout n'était pas totalement rose. La rivalité avec Ibrahimović minait Leo. Le géant suédois bombait souvent le torse, il n'acceptait pas d'être le numéro 2 de l'équipe. Comme Messi ne l'acceptait pas non plus, les étincelles jaillissaient souvent. Toujours professionnel, « Ibra » se montrait souvent critique à l'égard du système de jeu proposé par Guardiola. Lui était un joueur assez statique, qu'il fallait servir en priorité, et qui se débrouillait ensuite. Mais le Barça de Guardiola ne pouvait pas fonctionner autour de lui. Ibra n'était qu'un attaquant parmi d'autres, avec Henry, avec Pedro, et Messi était la plaque tournante du système. Au début de l'année 2010, le coach décida de lui donner plus d'importance encore en l'ôtant de l'aile droite pour le placer au milieu du terrain souvent en position de milieu offensif : un électron libre placé derrière l'avant-centre de pointe, pour un système en 4-2-3-1. Désormais, les choses étaient claires : flanqué de Xavi, de Busquets, d'Iniesta, Messi devenait le vrai patron du jeu barcelonais – le seul. Quand, parfois, pour une raison ou pour une autre, Guardiola le sortait, l'attaquant argentin le prenait très mal. Une fois qu'il lui avait préféré Ibra, dans le bus du retour, Leo envoya un SMS à Guardiola : « Alors ça y est, je ne rentre plus dans tes plans ? » Effaré, le coach se retourna. Bras croisés, tête baissée, Messi avait posé ses marques, et s'affirmait en patron. Se reposer ? Pas question. Il se connaissait bien, et se savait capable de faire basculer un match à tout moment. Ses dribbles, toujours imprévisibles, désorganisaient les milieux adverses ; ses ouvertures étaient lumineuses, ses coups de patte semaient la panique. Comment faire sans lui, et surtout, *pourquoi* ?

Pep Guardiola, qui apprenait à le connaître, commençait à comprendre qu'un lien très fort les unissait : un lien pas seulement professionnel, mais affectif. Le jeu développé par l'entraîneur espagnol reposait sur la technique, la maîtrise au milieu, la créativité. Et Messi était le symbole de ce système, son âme.

Le 10 janvier de l'année suivante commençait fort pour Leo. Victoire à Tenerife 5-0, et triplé personnel. Son objectif de terminer meilleur buteur de Liga était toujours d'actualité. Pour une nouvelle rafle de trophées, en revanche, c'était raté. En Coupe du Roi, le Barça avait été sorti par le FC Séville, une équipe que les Blaugranas retrouvèrent quelque temps plus tard en championnat, et qu'ils écrabouillèrent 4-0. Messi, qui avait inscrit un doublé, venait de passer la barre des cent buts avec son club de cœur… à 22 ans.

La campagne européenne du Barça reprit en février contre Stuttgart. Auteurs d'un poussif 1-1 à l'aller, les Blaugranas se vengèrent au retour, avec un 4-0 bien net, et un nouveau doublé de Messi. Au tour suivant, ils allaient devoir affronter l'Arsenal de Fàbregas, une autre vieille connaissance de Messi. Si le match aller, à Londres, s'avéra à peu près équilibré, et s'acheva sur un 2-2 pas totalement immérité, malgré deux buts signés Ibra, le retour, lui, tourna à la démonstration.

Il faut dire que Leo était littéralement en feu. Le 8 mars, un doublé en Liga contre Almería. Puis deux triplés, contre Valence, en seulement vingt-sept minutes. Le 21 mars, à Saragosse : nouveau triplé. Le 6 avril, au Camp Nou, contre Arsenal, les visiteurs ouvrirent la marque contre le cours du jeu à la dix-huitième minute. La suite ? Un premier but de Messi quelques minutes plus tard, après un joli une-deux avec un partenaire. Dix minutes plus tard : avantage pour les Catalans, sur un centre d'Abidal et une passe de Pedro – Leo à la conclusion, bien sûr. Quarante-deuxième minute ? Ouverture de Seydou Keita, et lob parfait du numéro 10 barcelonais. Menés 3-1 à la mi-temps, les Londoniens n'avaient pas le choix : ils devaient se lancer à l'attaque. Après quelques tentatives audacieuses, et de belles parades du gardien Víctor Valdés, Leo l'inévitable trouva encore la faille, dans les dernières minutes, au terme d'un ahurissant slalom. De toute l'histoire de la compétition, c'était la quatrième fois seulement qu'un attaquant réalisait un tel exploit. Pour parachever cette incroyable séquence, Messi se montra une nouvelle fois décisif à Madrid, le 10 avril, pour un classico remporté 2-0, qui mettait les Barcelonais sur les rails pour l'obtention d'un nouveau titre. Ce but, son quarantième de la saison, acheva de faire de lui une attraction mondiale. Tout le monde le pensait désormais, et le fait ne souffrait aucune contestation : Lionel Messi était un crack absolu. Le meilleur ?

Mais, en football, rien n'est jamais acquis. Lors des semaines suivantes, Leo, soudain muet devant les buts adverses, vit son équipe éliminée de la Ligue des champions (1-0 mais défaite 3-1 au retour) par le terne Inter Milan de Mourinho qui, en finale, allait battre le Bayern Munich et s'adjuger le trophée. En championnat, le Real revenait à toute allure. Nouvelle désillusion pour le Barça ? Non ! Bientôt, l'attaquant argentin retrouva le chemin des filets, permettant à son équipe de remporter quelques succès précieux, et d'empocher sa vingtième Liga, avec un total ahurissant de quatre-vingt-dix-neuf points, et une seule défaite concédée. Avec trente-quatre buts inscrits, Messi terminait non seulement meilleur buteur du championnat, mais aussi meilleur buteur d'Europe. En Ligue des champions, où il avait inscrit huit buts, il finissait aussi attaquant numéro un. Au total, il égalait le record d'un certain Ronaldo (le Brésilien): celui du nombre de buts inscrits par un Barcelonais en un seul exercice. Une année un peu moins réussie que la précédente, certes, mais une saison extrêmement spectaculaire, ponctuée de plusieurs scores fleuves, qui avaient ravi les amoureux du beau jeu, dans le monde entier.

Que pouvait encore espérer Lionel pour cette année exceptionnelle sur le plan personnel ? Une victoire en Coupe du monde, bien sûr !

Cela tombait bien : la nouvelle édition approchait, organisée en Afrique du Sud. L'Argentine, qui s'était qualifiée dans la douleur, avait hérité d'un groupe a priori facile, avec la Grèce, le Nigéria et la Corée du Sud. Enfin, il fallait toujours se méfier : la Corée, en 2002, avait montré qu'elle n'était plus une petite équipe, et la Grèce non plus, qui avait remporté l'Euro 2004 à la surprise générale.

Entraînés par le légendaire Diego Maradona, les Argentins disposaient d'une formation solide, avec des joueurs comme Gabriel Heinze, Ángel Di María, Gonzalo Higuaín ou Carlos Tévez, évoluant dans les plus grands clubs européens. En phase de poule, Messi et ses coéquipiers ne firent pas dans le détail, rendant une copie quasi parfaite. Une victoire 1-0 contre les Africains, acquise dès les premières minutes de jeu, un succès plus large contre la Corée, avec, notamment, un triplé de Higuaín (score final : 4-1), et un succès assez tranquille (2-0) contre la Grèce, qui mit toutefois du temps à se dessiner. Première de son groupe, l'Albiceleste avait été présente au rendez-vous. Mais pas Messi, qui n'avait inscrit aucun but et qui, comme souvent, polarisait les critiques. Comment le jeune Ballon d'or, si brillant avec son équipe de Barcelone, pouvait-il se révéler stérile avec l'équipe nationale ?

Messi aurait aimé apporter une réponse cinglante à cette question en huitièmes de finale contre le Mexique mais, malgré la victoire 3-1 de son équipe, son compteur personnel restait désespérément bloqué à zéro. Certes, il y avait les passes décisives, et un apport dans le jeu que tous les observateurs étaient forcés de reconnaître. Seulement, son boulot à lui, c'était de marquer. Et il n'y arrivait pas.

Contre l'Allemagne, en quarts de finale, les Argentins se firent littéralement balayer : défaite 4-0, sans appel. Leo et les siens quittaient la compétition tête basse. Seule consolation pour Messi ? La victoire en finale de ses amis espagnols – une bonne partie de l'équipe coachée par Vicente del Bosque était constituée de joueurs barcelonais...

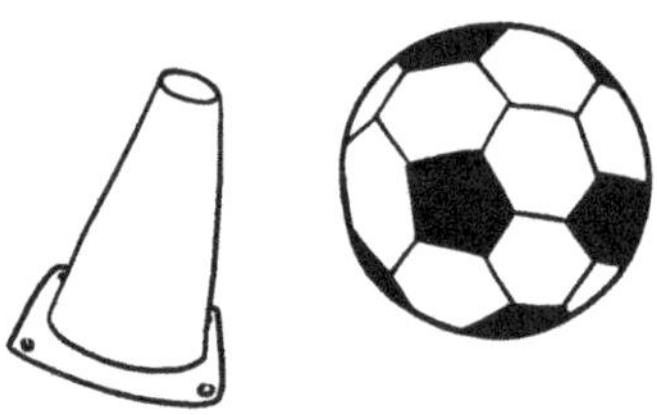

19

MEILLEUR JOUEUR DU MONDE ?

— L'Argentine ne m'aime pas.

(Une nouvelle discussion entre Leo et son père, dans un café perdu de Catalogne, où ils se réfugiaient parfois, loin des flashs et des micros.)

— Ne dis pas de bêtises.

— Ils m'en veulent d'être parti.

— Ça, c'est peut-être un souci...

— Ils disent que je suis plus espagnol qu'argentin. Mais j'ai choisi de jouer pour mon pays, non ? C'est là qu'est resté mon cœur. J'aurais pu me faire naturaliser espagnol, je ne l'ai pas fait. Ça veut dire quelque chose, tu ne crois pas ?

Son père lui tapota la main.

– Leo. Tu n'es pas obligé d'écouter *tout* ce qui se raconte sur toi.

– J'en suis loin, crois-moi.

Jorge Messi sourit. Comme il avait grandi, son « petit ». Il le revoyait, dans sa chambre, jonglant avec ses oranges. Et, plus tôt encore, dribblant des défenseurs imaginaires avec sa boule de linge sale. Aujourd'hui ? Meilleur joueur du monde. En lice, une fois encore, pour le prochain Ballon d'or - favori même. C'était incroyable. C'était sans doute écrit, décida-t-il. N'est-ce pas, grand-mère ? Il leva la main pour commander un autre café.

– Bon. Et si on parlait de la saison qui s'annonce. Comment ça se présente ?

Leo sourit. L'avenir : son sujet préféré.

L'avenir ? Eh bien, Joan Laporta avait fait signer le buteur David Villa au mois de mai, juste avant de quitter ses fonctions - et cette arrivée mettait Leo en joie. Ibra, qui n'avait jamais vraiment trouvé sa place, repartait en Italie. Javier Mascherano, le compatriote argentin de Messi, allait probablement signer lui aussi. Deux ou trois autres recrues allaient gonfler les rangs de l'armada. Tout s'annonçait bien. Et tout allait, une fois de plus, se passer incroyablement bien.

Le Barça, pour commencer, avait défait le FC Séville pour remporter une Super-Coupe d'Espagne de plus. Défaits 3-1 à l'aller, les Blaugranas, au retour, avaient marché sur leurs adversaires, leur infligeant un cinglant 4-0, avec un triplé de... devinez qui ?

Lors du premier match de Liga, conclu par une victoire 3-0 face au Racing Santander, Messi, qui avait ouvert son compteur, devint le troisième meilleur buteur du club. Iniesta et David Villa avaient marqué eux aussi. Tout s'annonçait bien, malgré une première défaite contre un promu, quelques jours plus tard, au Camp Nou : « Ça arrive, expliqua Guardiola en interview. Nous sommes encore en phase de rodage. Une saison, c'est long. Ce qui compte, c'est le résultat final. Et j'ai la conviction que nous serons au rendez-vous. »

Il disait vrai. Peu à peu, la machine Barça se mit en route. Cela commença par une victoire 5-1 en Ligue des champions contre le Panathinaïkós, avec un doublé de Messi qui, du même coup, devenait le buteur de l'histoire des Catalans en Ligue des champions. Cela se poursuivit au Camp Nou, en novembre, face au Real, désormais entraîné par José Mourinho – qui n'avait pas laissé aux Barcelonais que de joyeux souvenirs. Score final : 5-0. Avant cela, les Catalans avaient infligé un sympathique 8-0 à Almería sur son terrain. D'autres exploits allaient suivre et, pour Messi, d'autres prestations exceptionnelles. Deux doublés de suite, au début de décembre, et un jeu plus flamboyant que jamais. L'année 2010 se terminait en trombe, et Guardiola, décidément, ne s'était pas trompé. La défaite de la deuxième journée restait la seule. Après seize journées de Liga, le Barça avait empilé cinquante et un buts – pour neuf encaissés –, totalisant quarante-trois points sur quarante-huit possibles. Mieux : entre novembre et décembre, les Blaugranas avaient inscrit trente-trois buts et n'en avaient encaissé qu'un seul, le tout en sept rencontres. Qui pouvait arrêter cette formation ? Personne en Espagne, apparemment. Et personne en Europe non plus. Au terme de sa phase de poule de Ligue des champions, l'équipe de Messi terminait première de son groupe devant le FC Copenhague, avec quatre victoires et deux nuls.

Contre les Danois, lors de la troisième journée, Leo s'était fendu d'un nouveau doublé – une performance qui paraissait à présent quasiment *normale* –, pour une victoire 2-0. Il avait marqué de nouveau au retour, puis contre le Panathinaïkós, portant son total, à ce stade de la compétition, à six buts.

En huitièmes de finale, c'était Arsenal qui se présentait. Or, malgré une ouverture du score de Villa à la vingt-sixième minute, ce furent bien les Anglais, devant soixante mille spectateurs aux anges, qui remportèrent le match aller, 2-1. Il y avait donc danger.

Pour le retour, Messi se sentait prêt, et les quatre-vingt-quinze mille supporters du Camp Nou lui firent un triomphe à la soixante et onzième minute : alors que son équipe menait 2-1 (il avait ouvert le score, Arsenal avait égalisé, Xavi avait redonné l'avantage aux siens), il inscrivit le but du doublé... et de la victoire, et de la qualification. Succès 3-1, et cap sur les quarts de finale !

Peu de temps avant, le 10 janvier 2011, Leo avait remporté son deuxième Ballon d'or, devant ses coéquipiers Xavi et Andrés Iniesta. Dans le « onze idéal » de la FIFA figuraient pas moins de six joueurs barcelonais, preuve de la domination écrasante des Blaugranas sur la scène européenne. En Liga, Messi et les siens enchaînaient les records. Soixante et un buts inscrits lors des matchs allers, onze encaissés, quatorze victoires de suite, une série d'invincibilité de vingt-huit matchs...

Le Real de Ronaldo, qui essayait péniblement de suivre le rythme, brillait lui aussi en Ligue des champions, grâce à Ronaldo. En quarts de finale, il avait éliminé Tottenham 4-0 et 1-0 au retour, grâce, notamment, à deux buts du Portugais. Le Barça, lui, s'était défait de Donetsk, 5-1 à l'aller, 1-0 au retour avec un but de Messi, qui d'autre ? En demi-finales, les deux équipes espagnoles allaient s'affronter, dans un duel fratricide.

L'affaire ne fit pas un pli : 2-0 à l'aller pour Barcelone sur le terrain des Madrilènes grâce à un doublé de Leo, la messe, déjà, était pratiquement dite (les Catalans concédèrent un nul 1-1 au retour, grâce à un but de Pedro). La finale contre le Manchester United de Rooney s'annonçait explosive.

Quelques jours auparavant, le FC Barcelone avait parachevé son succès en Liga. Fait extraordinaire, le Real de Ronaldo s'était accroché jusqu'au bout, inscrivant la bagatelle de cent deux buts. Mais, grâce à une défense très solide (21 buts), les Catalans avaient fini par s'imposer, avec quatre points d'avance. Ronaldo termina l'exercice avec quarante buts inscrits – un record, qui avait piqué l'Argentin au vif. Lui en avait tout de même marqué trente et un et, surtout, il avait fait marquer les autres, terminant meilleur passeur du championnat. C'est en toute logique que le titre de meilleur joueur de l'année lui avait été décerné, comme lui serait décerné peu de temps après, et pour la troisième fois de suite, le très prestigieux Ballon d'or.

Disputée à Londres – en terre hostile, donc –, la finale de Ligue des champions se révéla un match à sens unique, remporté 3-1 par les Barcelonais. Peu après la mi-temps, et alors que les deux équipes en étaient à 1-1, Messi avait donné l'avantage aux siens, avant que Villa enfonce le clou. Bilan ? Douze tirs cadrés pour les Espagnols, un seul pour les Anglais, une victoire sans appel, une de plus.

UN RÊVE DEVENU RÉALITÉ

Où s'arrêterait Barcelone ? Où s'arrêterait Messi ? Les saisons à venir, sous la houlette de Guardiola, puis sous celle d'autres coachs, allaient voir les Blaugranas remporter cinq autres titres, et le Real trois. Lors de deux exercices suivants, Madrilènes et Barcelonais allaient décrocher le même record ex aequo : plus gros nombre de points (100), plus grand nombre de victoires (32).

Avec son équipe de cœur, Lionel Messi remporta dix Liga, sept Coupes du Roi, quatre Ligues des champions et pas mal d'autres trophées accessoires.

Il décrocha tant de records que les énumérer dans ce livre prendrait beaucoup de place, trop. Disons seulement que le génie argentin obtint sept Ballons d'or (record absolu), qu'il inscrivit quatre cent soixante-quatorze buts en cinq cent vingt matchs de Liga (il reste aujourd'hui, et pour longtemps, le meilleur buteur de cette compétition) et qu'il est considéré aujourd'hui comme l'un des meilleurs joueurs de tous les temps – peut-être *le* meilleur.

Un géant du football, en tout cas.

La Coupe du monde manquera toujours à son palmarès. En 2014, Messi atteignit la finale avec son équipe, mais échoua contre l'Allemagne. Longtemps, on lui a reproché de ne pas être à la hauteur, sur le plan national, de sa carrière avec les Blaugranas. C'est oublier un peu vite que, dès 2016, il est devenu le meilleur buteur de l'histoire de la sélection argentine.

En 2021, après trois finales perdues, le natif de Rosario décrocha enfin l'un des titres qui lui tenait le plus à cœur : la Copa América. Cette année-là, après un succès contre le Brésil sur ses terres, il termina meilleur buteur et meilleur passeur décisif de la compétition. Quelques mois plus tard, lors d'une victoire contre la Bolivie à domicile, à Buenos Aires, où il inscrivit un triplé, le petit Argentin put célébrer ce succès avec ses coéquipiers ; devant les caméras, on le vit fondre en larmes : « C'est un rêve devenu réalité, déclara-t-il. Finalement, j'y suis arrivé. Après tant d'attente. Quel meilleur endroit pour fêter ce succès qu'ici ? Ma mère et mes frères sont ici ce soir. Ils ont beaucoup souffert mais, ce soir, ils peuvent se réjouir. Je suis si heureux ! »

En couple depuis 2009, Lionel Messi est aujourd'hui le père de trois enfants. Il a assuré qu'après la victoire de l'Albiceleste contre le Brésil, ces derniers avaient fredonné des chants argentins durant tout l'été.

BONUS !

LIONEL MESSI

LIONEL MESSI

Surnoms : La Pulga (atomica), Leo, Goat, Le Messie

Date de naissance : 24 juin 1987

Lieu de naissance : Rosario (Argentine)

Taille : 1,69 mètre

Poids : 67 kg

Position principale : Ailier droit, attaquant polyvalent

Pied fort : Gauche

Maillots : N° 7, N° 30

Parcours :

Grandoli FC (1991-1994) ; Newell's Old Boys (1994-2000) ; FC Barcelone (junior et réserve : 2000-2004, équipe pro : 2004-2021) ; Paris Saint-Germain (2021-).

Carrière en sélection nationale : 158 sélections

PALMARÈS

→ EN CLUB

Vainqueur du Mondial des clubs : 2009, 2011, 2015 (FC Barcelone)

Vainqueur de la Super-Coupe d'Europe : 2009, 2011, 2015 (FC Barcelone)

Vainqueur de la C1 : 2006, 2009, 2011, 2015 (FC Barcelone)

Vainqueur de la Super-Coupe d'Espagne : 2006, 2009, 2010, 2011, 2013, 2016, 2018 (FC Barcelone)

Champion d'Espagne : 2005, 2006, 2009, 2010, 2011, 2013, 2015, 2016, 2018, 2019 (FC Barcelone)

Vainqueur de la Coupe d'Espagne : 2009, 2012, 2015, 2016, 2017, 2018, 2021 (FC Barcelone)

Finaliste de la Super-Coupe d'Espagne : 2020 (FC Barcelone)

Finaliste de la Coupe d'Espagne : 2011, 2014, 2019 (FC Barcelone)

→ EN SÉLECTION

Vainqueur de la Copa América : 2021 (Argentine)

Vainqueur des Jeux Olympiques : 2008 (Argentine)

Finaliste de la Coupe du monde : 2014 (Argentine)

Finaliste de la Copa América : 2007, 2015, 2016 (Argentine)

→ PERSONNEL

Ballon d'or : 2009, 2010, 2011, 2012, 2015, 2019 (FC Barcelone), 2021 (FC Barcelone et PSG)

Joueur FIFA : 2009 (FC Barcelone)

Soulier d'or européen : 2010, 2012, 2013, 2017, 2018, 2019 (FC Barcelone)

Meilleur buteur du Championnat d'Espagne : 2010, 2012, 2013, 2017, 2018, 2019, 2020, 2021 (FC Barcelone)

Meilleur buteur de la C1 : 2009, 2010, 2011, 2012, 2015 (FC Barcelone)

NUMÉRO 7 À LA LIONEL MESSI

LE « POSTE » 7

Placé au plus haut du terrain, à proximité des buts adverses, l'**attaquant** a pour tâche principale de concrétiser le jeu offensif de son équipe, en marquant des buts et en créant des occasions.

Décisif, le rôle de l'attaquant peut toutefois varier en fonction de ses qualités et de l'organisation tactique de l'équipe. Le jeu offensif se répartit ainsi entre ailiers et avant-centre.

Classiquement, les ailiers, techniques et rapides, évoluent le long de la ligne de touche en attaque. Situé dans l'axe, au plus près du but adverse, **l'avant-centre** chargé de concrétiser les actions de son équipe doit faire preuve d'excellents appels de balle, de sang-froid, de finition et d'audace.

Dans le football moderne de ces dernières années, la position du numéro 7 sur le terrain est plus mobile suivant le profil du joueur : il peut décrocher en se plaçant derrière son avant-centre ou à ses côtés, ou jouer davantage au milieu pour assumer une part plus défensive.

C'est souvent le poste le plus valorisé des médias.

LES MEILLEURS NUMÉROS 7

Kylian Mbappé, Cristiano Ronaldo, Antoine Griezmann, Chris Waddle, Raúl, Luís Figo, Andreï Chevtchenko...

LE 7 SELON LIONEL MESSI

Seul joueur septuple Ballon d'or et sextuple Soulier d'or, meilleur buteur sous un seul maillot en club, élu meilleur ailier droit de tous les temps par France Football, désigné meilleur joueur de la décennie (2011-2020) par l'International Federation of Football History and Statistics, Messi est ainsi considéré comme l'un des meilleurs joueurs de football sinon le meilleur toutes générations confondues.

Souvent comparé à Diego Maradona, ce joueur créatif et complet, aussi bien buteur, meneur et organisateur du jeu, accumule les records : octuple vainqueur du Trophée Pichichi, il est le meilleur buteur de l'histoire du Championnat d'Espagne, du FC Barcelone, de la Super-Coupe d'Espagne, de la Super-Coupe d'Europe, de la sélection argentine, des sélections sud-américaines et le deuxième meilleur buteur de la Ligue

des champions. Auteur de plus de sept cent cinquante buts en carrière et impliqué sur plus de mille buts, il détient aussi le record mondial du nombre de buts inscrits sur une saison, sur une année civile, et le record de buts sur une saison dans un championnat européen.
Il est enfin le joueur avec le plus de passes décisives officielles enregistrées dans l'histoire du football.
Bref, Lionel Messi est un champion hors pair !

Ses forces sont :

Ses accélérations balle au pied (comme le signifiait son ancien entraîneur du FC Barcelone, Pep Guardiola : « Messi est le seul joueur qui court plus rapidement avec la balle que sans ! »).

Sa technicité (ses combinaisons efficaces et créatives) et sa qualité de passe d'une précision rare.

Sa capacité à éliminer ses adversaires.

Ses excellentes vision et intelligence du jeu.

JOUE-LA TACTIQUE

LE 4-3-3

Le 4-3-3 est considéré, avec le 4-4-2, comme le schéma de jeu le plus utilisé (même si, depuis quelques années, certaines équipes l'abandonnent au profit du 4-2-3-1, qui permet une circulation du ballon et des combinaisons plus variées).

Cette organisation tactique favorise une occupation plus rationnelle du terrain, avec 4 défenseurs devant le gardien (2 centraux et 2 latéraux), 3 milieux et 3 attaquants (dont 2 ailiers).

En France, ce schéma a notamment été popularisé par Guy Roux, avec l'AJ Auxerre, et Laurent Blanc, tant en équipe de France qu'avec le Paris Saint-Germain ou les Girondins de Bordeaux. Sur la scène internationale, des entraîneurs aussi différents qu'André Villas-Boas – Chelsea, Tottenham, Marseille – et Pep Guardiola – Barcelone, Bayern Munich, Manchester City – utilisent régulièrement ce système de jeu en l'adaptant aux qualités de leurs joueurs.

Guardolia, en utilisant Lionel Messi en « faux 9 » à Barcelone, a enthousiasmé les amateurs de football. Ainsi organisés, les Blaugranas ont réalisé une saison de haut vol avec un triplé Ligue des champions, Liga et Super-Coupe d'Espagne.

LES AVANTAGES

→ Permet de presser haut l'adversaire.

→ Occupation plus rationnelle du terrain.

→ Permet les combinaisons en « triangle ».

→ Les couloirs sont utilisés par les défenseurs et les attaquants.

→ Souplesse de positionnement des milieux de terrain en fonction de l'évolution du match.

LES INCONVÉNIENTS

→ En devenant plus rationnel, le jeu ne favorise pas le spectacle.

→ Dans ce système, les joueurs se sentent parfois trop brimés.

→ Sans exploits individuels, les équipes menées au score ont plus de mal à revenir.

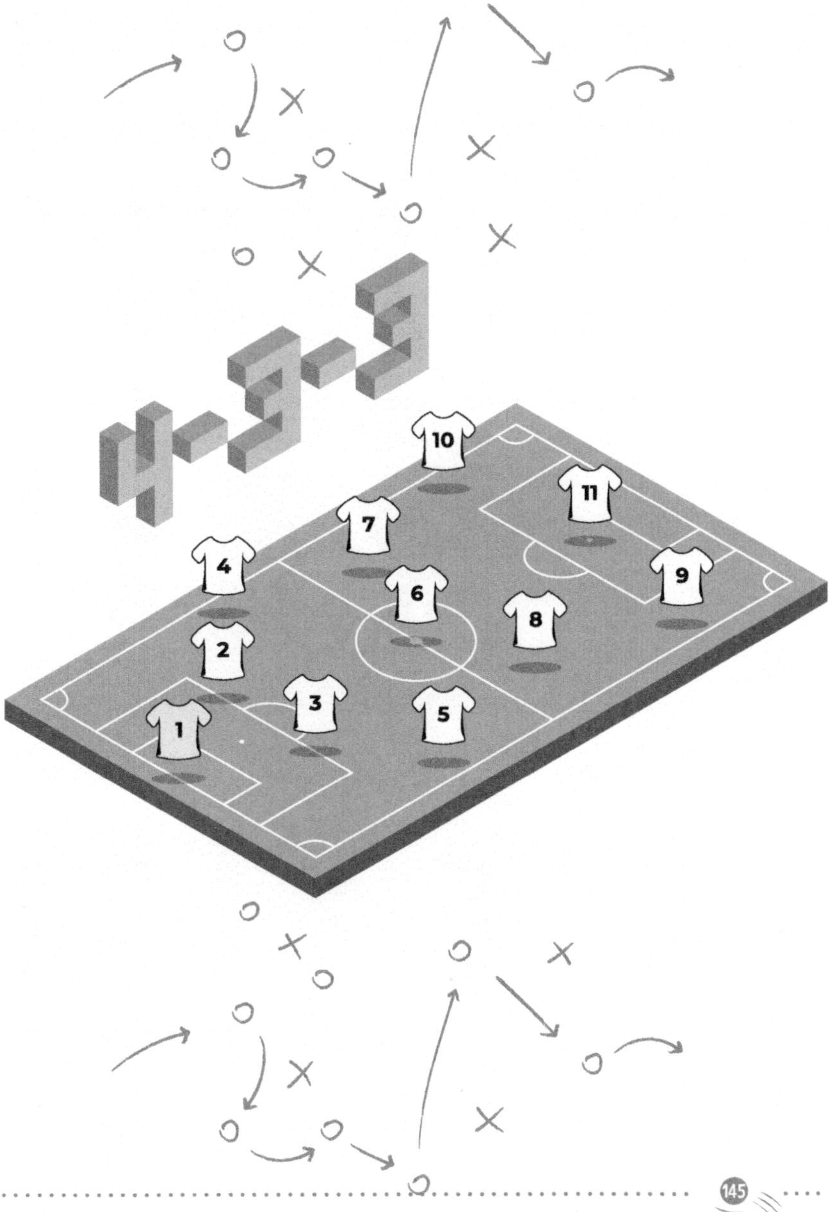

QNB
30

ATTAQUANT

Placé au plus haut sur le terrain, l'attaquant a pour rôle de marquer des buts, même si tous les joueurs de l'équipe peuvent le faire.

Selon l'organisation tactique choisie, le nombre d'attaquants au sein de l'équipe varie entre un et trois, et beaucoup plus rarement quatre. S'il y a un attaquant principal, il s'agit de l'attaquant de pointe. S'il y a deux attaquants, on les appelle l'avant droit et l'avant gauche (ou désormais, suivant le système utilisé, le « 9 » et le « 9 1/2 »). S'il y a trois attaquants, on qualifie celui placé à gauche d'« ailier gauche », celui placé à droite d'« ailier droit », celui du milieu, généralement plus avancé dans l'axe, étant l'attaquant de pointe ou l'avant-centre.

Les qualités de l'attaquant sont :

- Une excellente finition et le sens du but
- L'efficacité et la vivacité de décision
- La vitesse
- Un bon jeu de pieds et de tête
- Un mental d'acier et l'audace
- L'agilité dans les duels

Avec les années, le style de jeu de l'attaquant polyvalent argentin a évolué. S'il s'agissait d'un joueur rapide, pouvant éliminer n'importe quel adversaire sur une accélération, depuis plusieurs saisons, il est désormais davantage dans la construction. Toujours capable d'éliminer n'importe quel défenseur sur un dribble, il agit plus comme un meneur de jeu au sein de l'attaque. Avec des dribbles plus ponctuels et moins de chevauchées sur plusieurs mètres.

« J'essaye toujours de me déplacer pour profiter des espaces, en fonction de chaque match. Même si je démarre généralement sur le côté droit, je finis souvent par repiquer dans l'axe. Dernièrement, je redescends davantage pour essayer de créer du jeu, de générer de la supériorité numérique, pour que l'équipe ait le contrôle du ballon. Je me sens bien comme ça, je continue de m'amuser sur le terrain », déclarait ce magicien du football en décembre 2021 après avoir reçu son septième Ballon d'or.

À TOI DE JOUER !

1. Quel est le principal surnom de Lionel Messi ?

2. Aux couleurs de quelle équipe est le maillot offert au petit Leo par ses oncles à l'occasion de son premier anniversaire ?

3. Comment s'appellent les deux frères aînés de ce génie du ballon, avec lesquels il partageait la même passion enfant sur le terrain ?

4. Quel joueur argentin de légende surnommé « el Pibe de oro » (le « pied d'or ») a notamment permis à l'Albiceleste de remporter la finale de la Coupe du monde en 1986 contre l'Allemagne ?

5. Dans quel club le jeune prodige argentin est-il inscrit à l'âge de 5 ans, bientôt rejoint par son père Jorge en tant qu'entraîneur l'année suivante ?

6. Comment s'appelle l'agent de Leo Messi ?

7. Quel est le nom du centre de formation du FC Barcelone ?

8. En quelle année Messi signe-t-il son premier contrat professionnel avec le Barça ?

9. À quel âge Leo remporte-t-il son premier Ballon d'or ?

10. Contre quel pays Messi et son équipe nationale échouent-ils en 2014 en finale de la Coupe du monde ?

1. La Pulga ; 2. Le rouge et noir des Newell's Old Boys de Rosario (Argentine) ; 3. Rodrigo et Matías ; 4. Diego Maradona ; 5. Le Grandoli FC à Rosario (Argentine) ; 6. Fabían Soldini ; 7. La Masía ; 8. En 2004 ; 9. À 22 ans ; 10. L'Allemagne.

5 MOTS EXPLIQUÉS

Contre :

C'est ainsi qu'on désigne une contre-attaque, mais également le système de jeu de certaines équipes. Après une récupération du ballon, le joueur (le plus souvent un défenseur ou le gardien) passe rapidement à un coéquipier doté d'une bonne capacité de vitesse. Celui-ci remonte aussitôt le terrain en courant, profitant de la désorganisation de l'équipe adverse, encore positionnée en phase d'attaque. Les défenseurs adverses sont alors pris de court. Ces contres, ou contre-attaques, sont le plus souvent menés par les ailiers ou les milieux offensifs, rapides et agiles balle au pied. Une contre-attaque mémorable ? Celle menée en solitaire par Diego Maradona depuis le milieu de terrain, le 22 juin 1986, lors d'un match opposant l'équipe d'Argentine à celle d'Angleterre en quarts de finale de la Coupe du monde. Action à l'issue de laquelle Diego Maradona inscrit un but élu « but du siècle » par la FIFA ! Certains entraîneurs sont connus pour développer un style de jeu basé sur la contre-attaque, tels Laurent Blanc, Pep Guardiola ou Arsène Wenger.

Petit pont :

Action consistant à faire passer le ballon entre les jambes d'un adversaire et à le récupérer ensuite.

Grand pont :

Contrairement au petit pont, le grand pont nécessite un peu plus d'espace et de vitesse pour être mené à bien. Cette action consiste à contourner l'adversaire en passant d'un côté pendant que le ballon passe de l'autre.

Lober :

Geste technique qui consiste à faire passer le ballon au-dessus de son adversaire.

Poule (phase de poule) :

Rien à voir avec le gallinacé, une poule (ou un pool) est un groupe au sein duquel se mesurent plusieurs équipes. La phase de poule est un mini-championnat disputé dans un groupe au cours d'une compétition, avant les matchs éliminatoires (par exemple en Coupe du monde : les huitièmes de finale).

QATAR
AIRWAYS

TABLE DES MATIÈRES